SHUNJUSHA PUBLISHING COMPANY, TOKYO, JAPAN.
Useable rights of the edition reserved by
SHUNJUSHA PUBLISHING COMPANY.
The useable rights for Korea assigned to
TAERIM PUBLISHING COMPANY, SEOUL, KOREA.
This publication has been authorized for sale only
Korea through HYE-CHEON ENTERPRISE CO., LTD.

DEBUSSY

PIANO ~ ŒUVRES

3

---

12 PRELUDES 1ERE LIVRE DANSEUSES DE DELPHES, VOILES, LE VENT DANS LA PLAINE, LES SONS ET LES PARFUMS TOURNENT DANS L'AIR DU SOIR, LES COLLINES D'ANACAPRI, DES PAS SUR LA NEIGE, CE QU'A VU LE VENT D'OUEST, LA FILLE AUX CHEVEUX DE LIN, LA SERENADE INTERROMPUE, LA CATHEDRALE ENGLOUTIE, LA DANSE DE PUCK, MINSTRELS

12 PRELUDES 2EME LIVRE BROUILLARDS, FEUILLES MORTES, LA PUERTA DEL VINO, "LES FEES SONT D'EXQUISES DANSEUSES", BRUYERES, "GENERAL LAVINE" – ECCENTRIC, LA TERRASSE DES AUDIENCES DU CLAIR DE LUNE, ONDINE, HOMMAGE A S. PICKWICK ESQ. P. P. M. P. C., CANOPE, LES TIERCES ALTERNEES, FEUX D'ARTIFICE,

---

Edited and Revised
by
MOTONARI IGUCHI

태 림 출 판 사

CONTENTS

PRÉLUDES

(1er LIVRE)

I. Danseuses de Delphes

CLAUDE DEBUSSY

Lent et grave (♩ = 44)

doux et soutenu

doux mais en dehors

II Voiles

Modéré ($\flat$ = 88)
(Dans un rythme sans rigueur et caressant.)

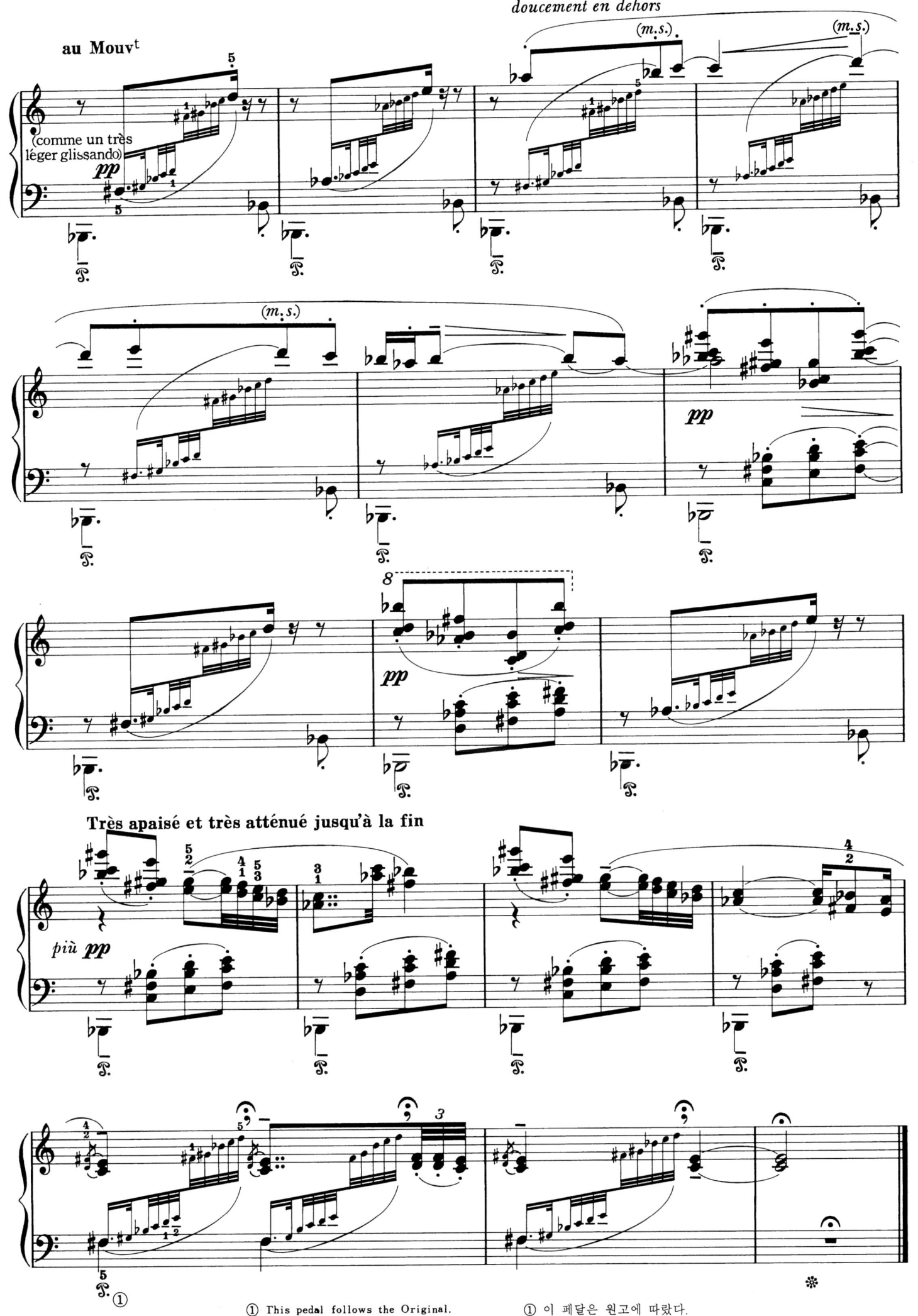

III. Le Vent dans la plaine

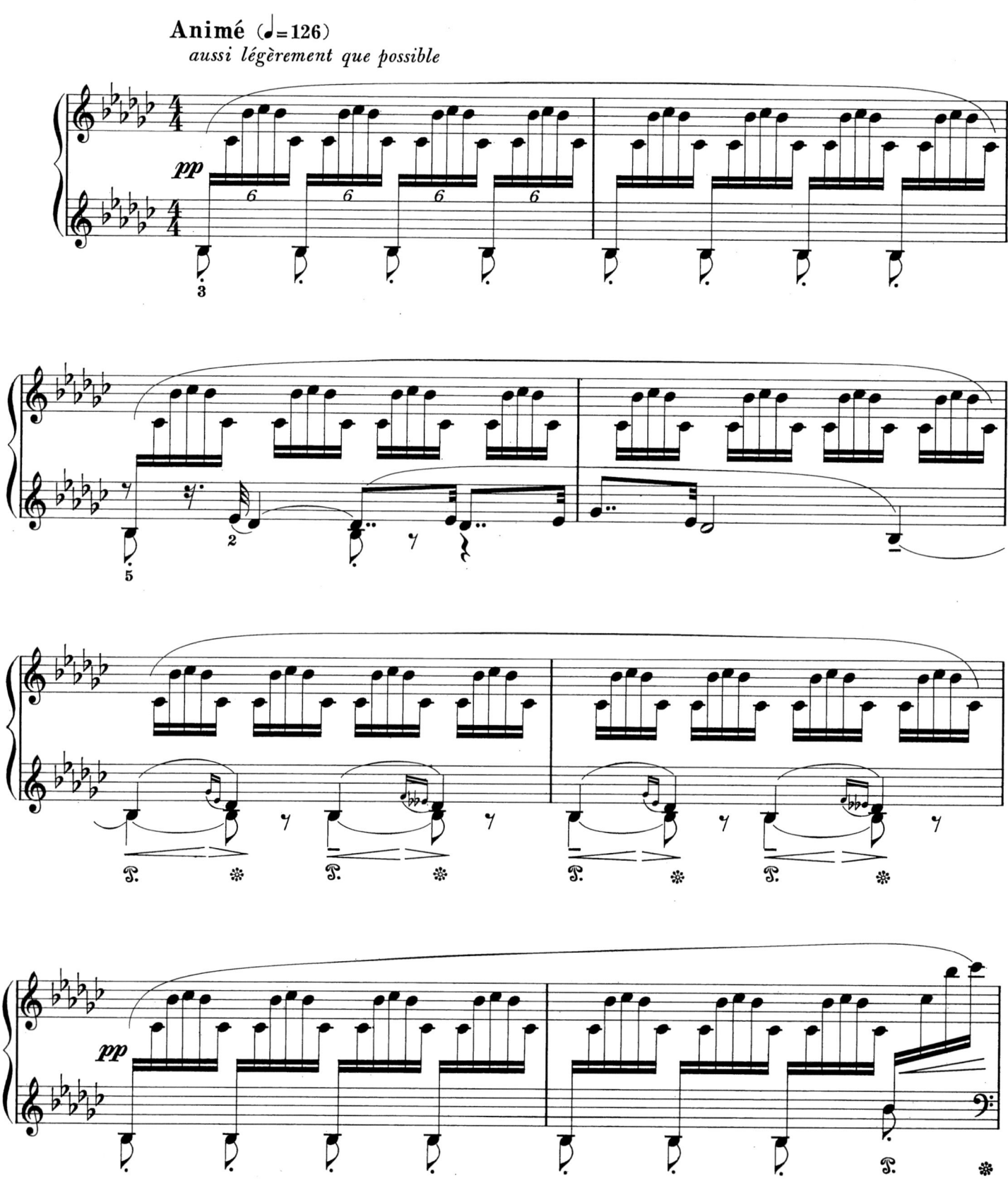

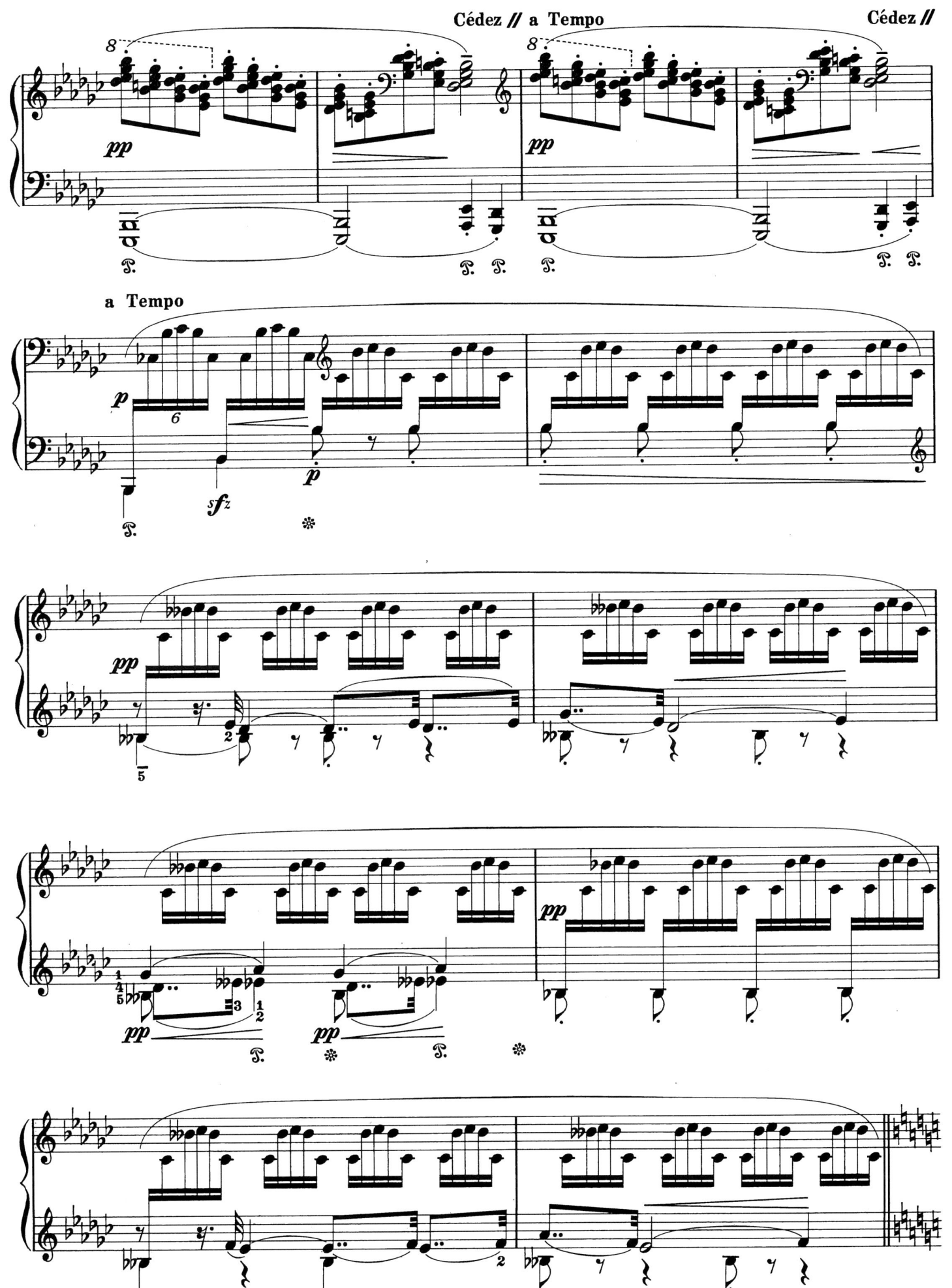

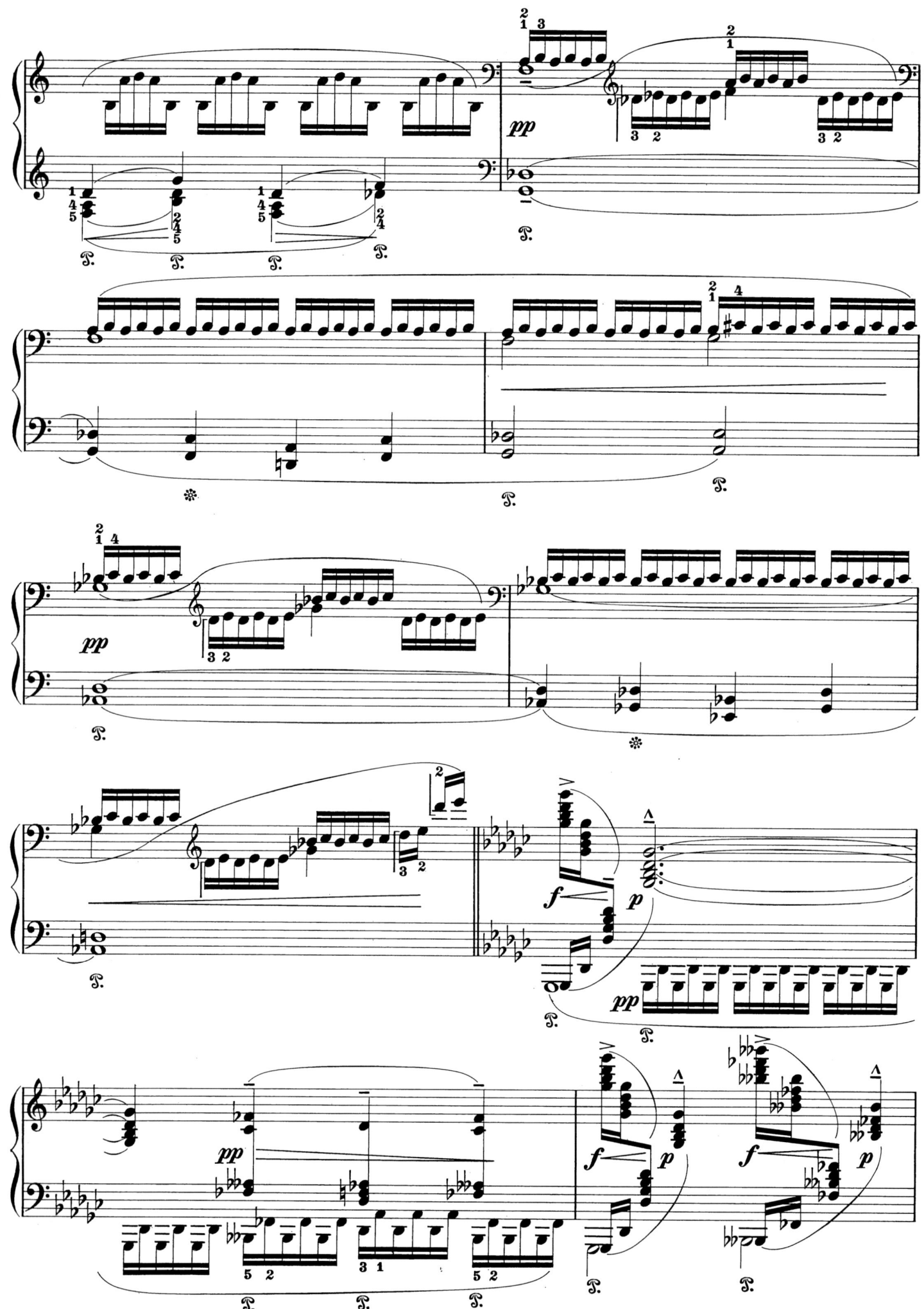

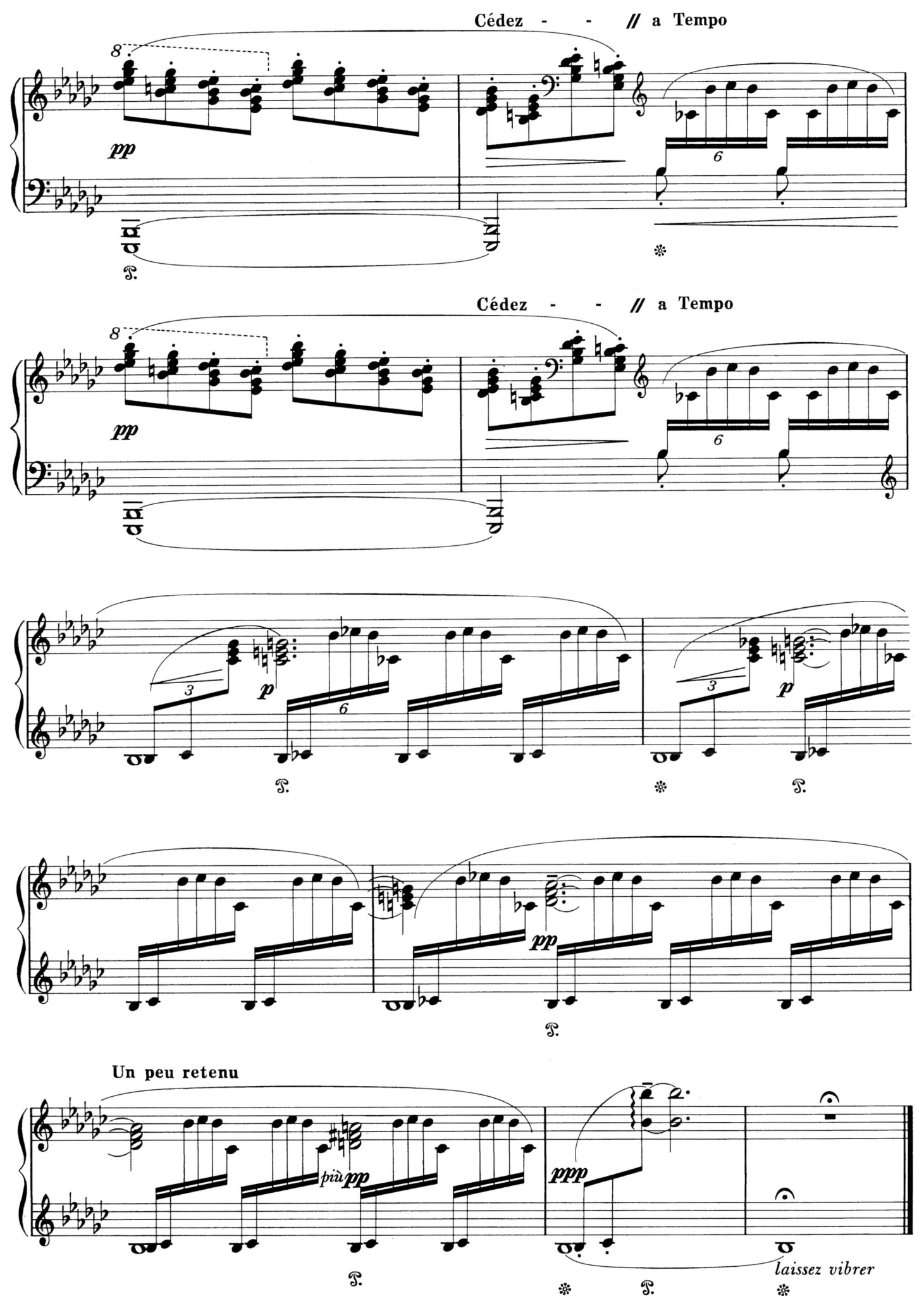

IV. "Les sons et les parfums tournent dans l'air du soir"

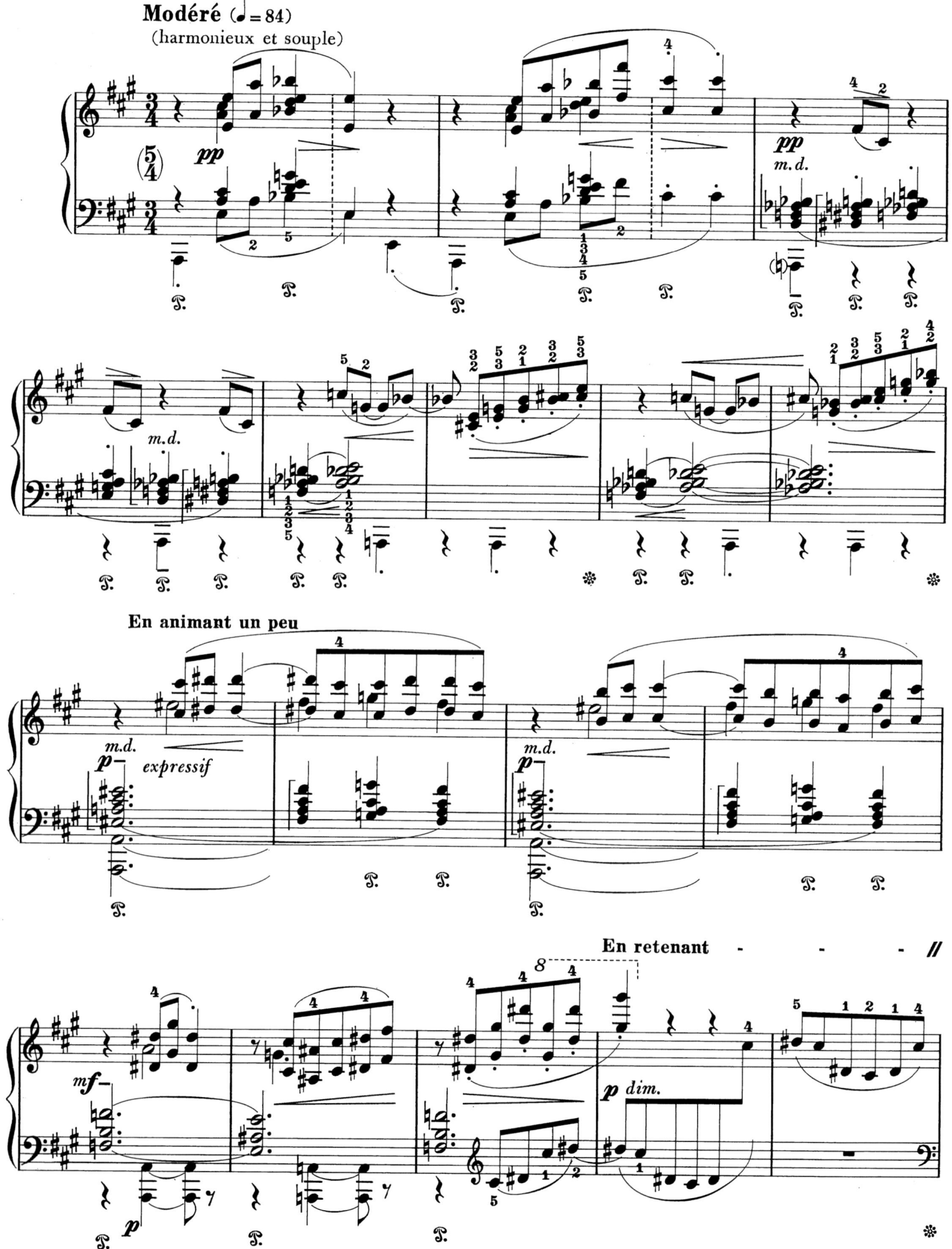

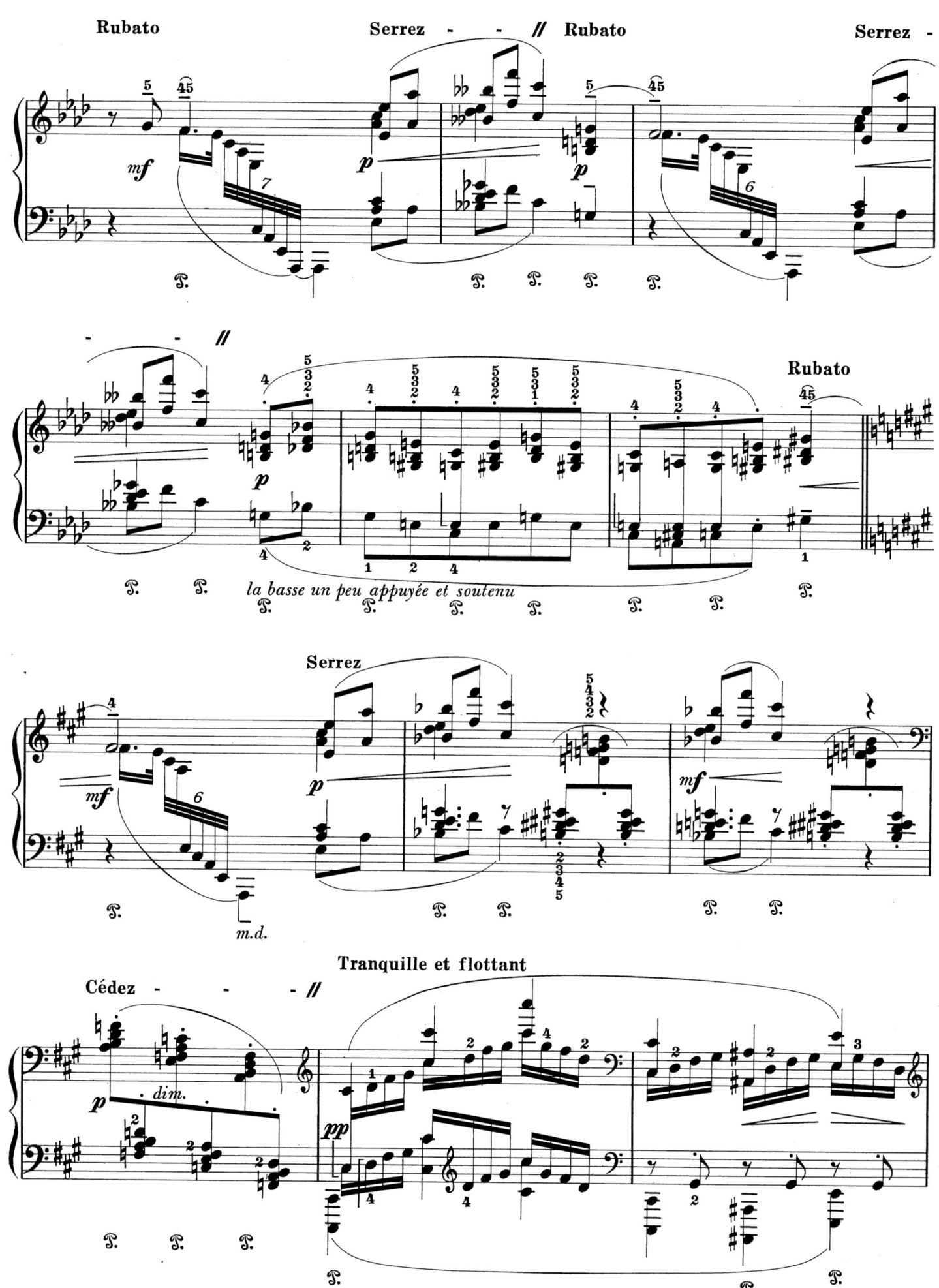

V. Les collines d'Anacapri

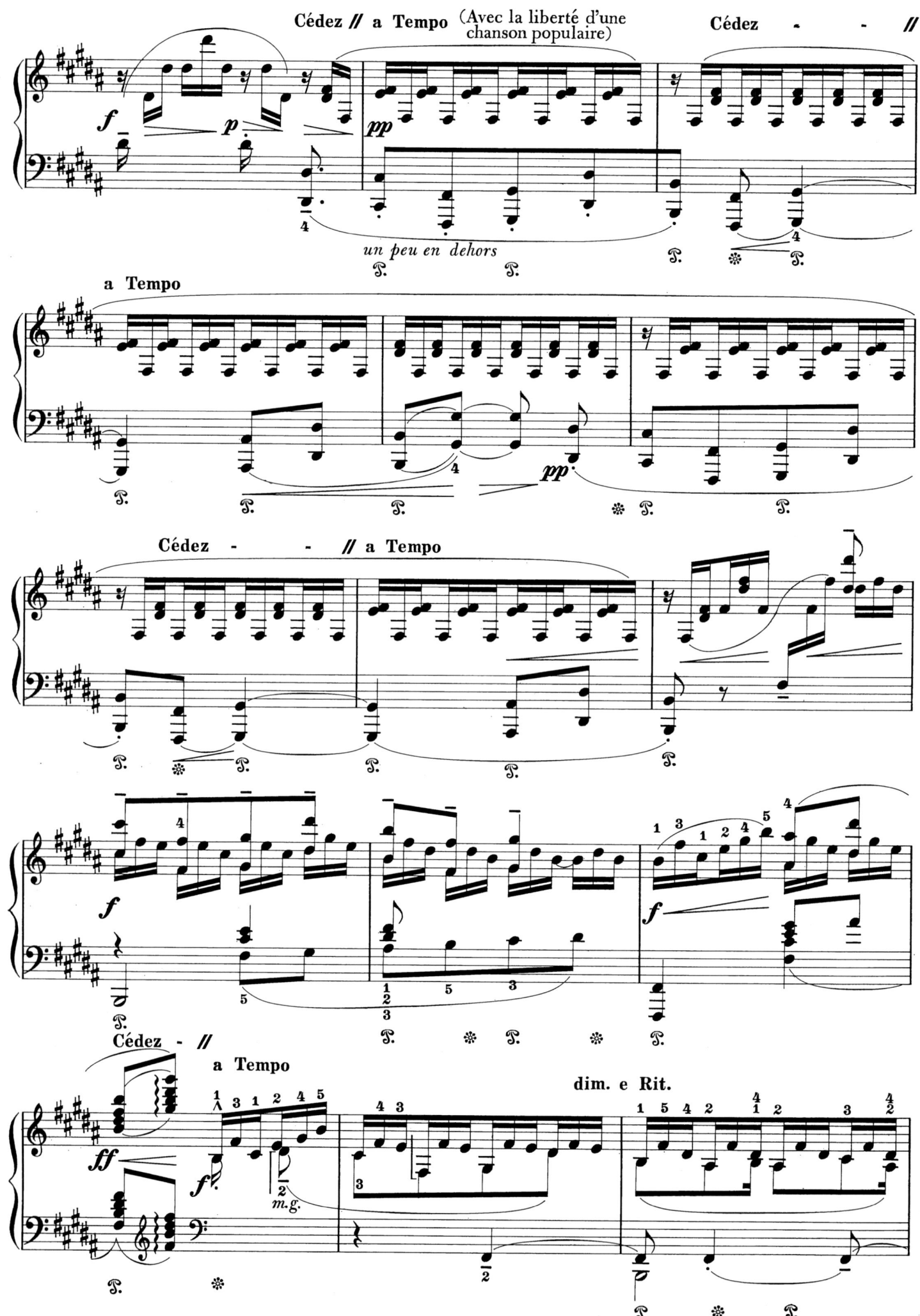

① May be played as follows:

① 오른쪽과 같이 치는 것이
좋다.

VI. Des pas sur la neige

VII. Ce qu'a vu le vent d'Ouest

Animé et tumultueux

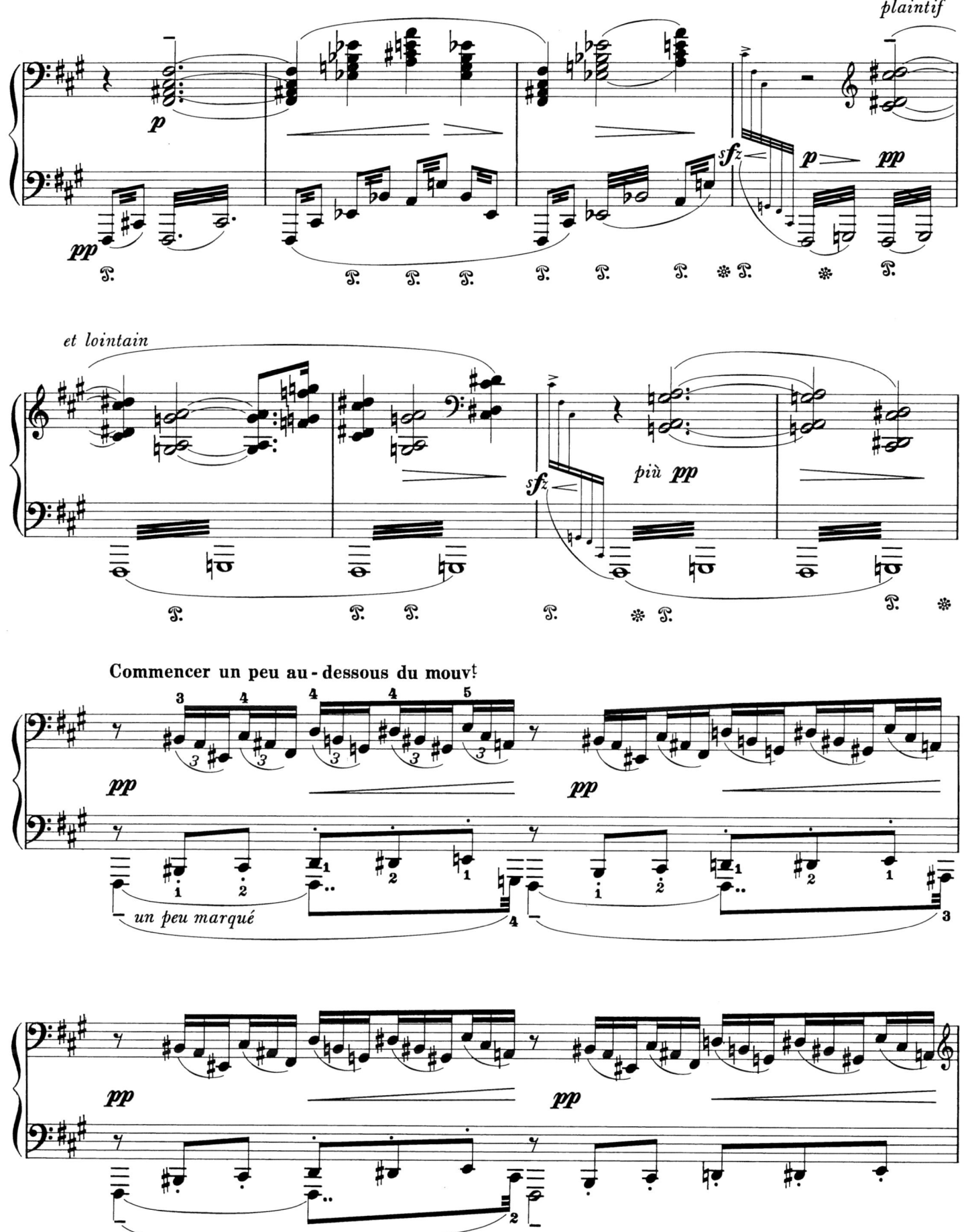

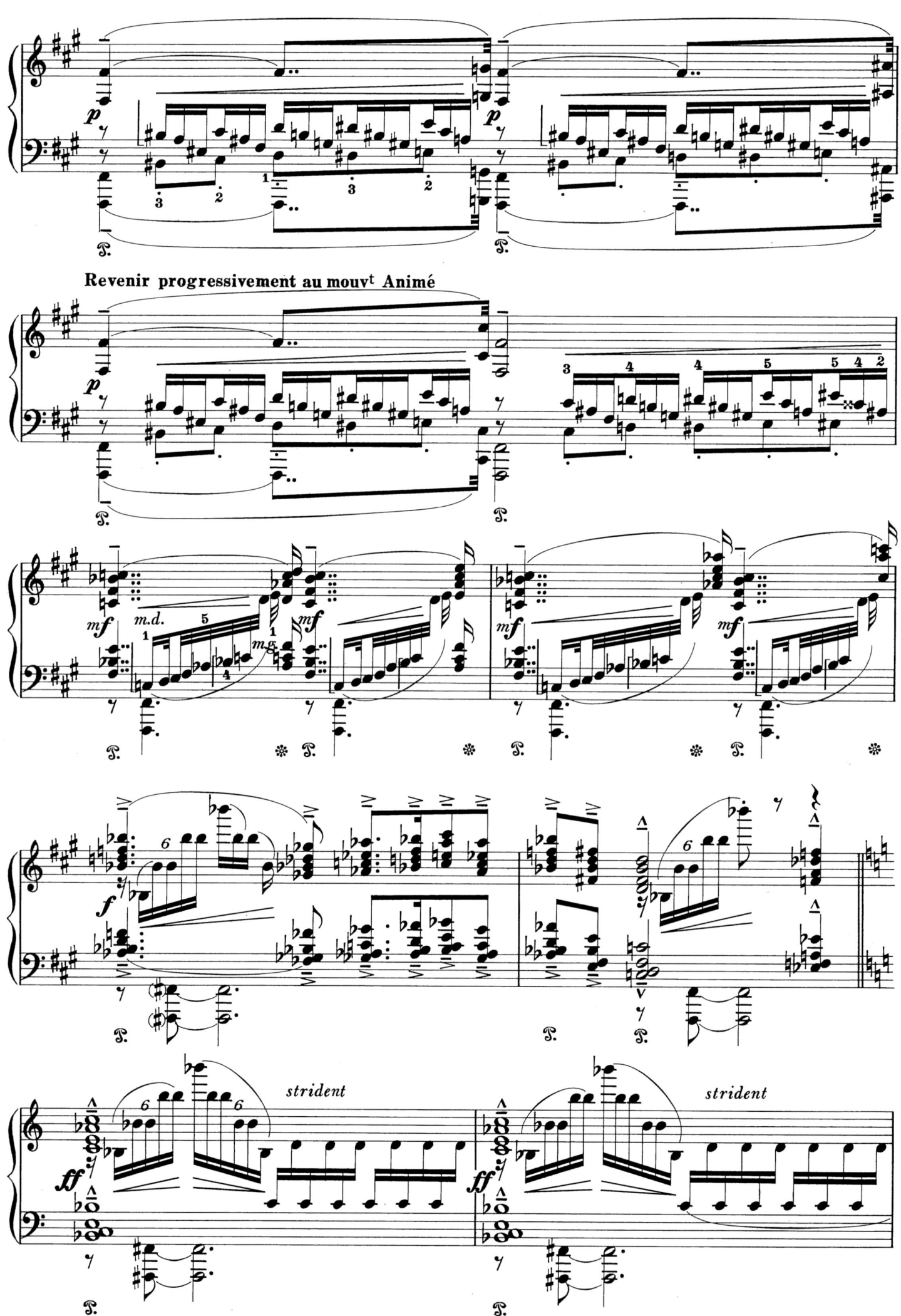

Revenir progressivement au mouv^t Animé

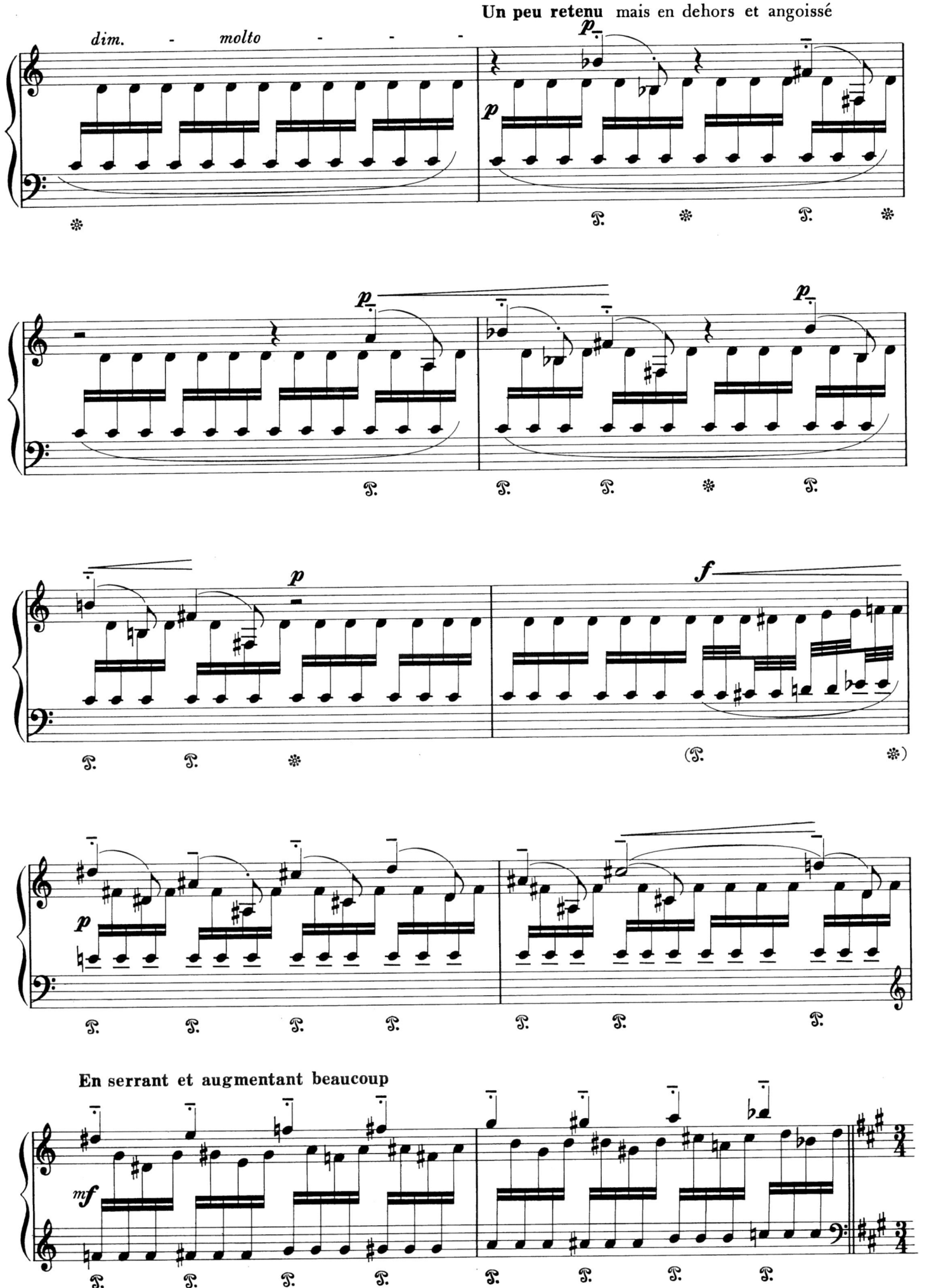

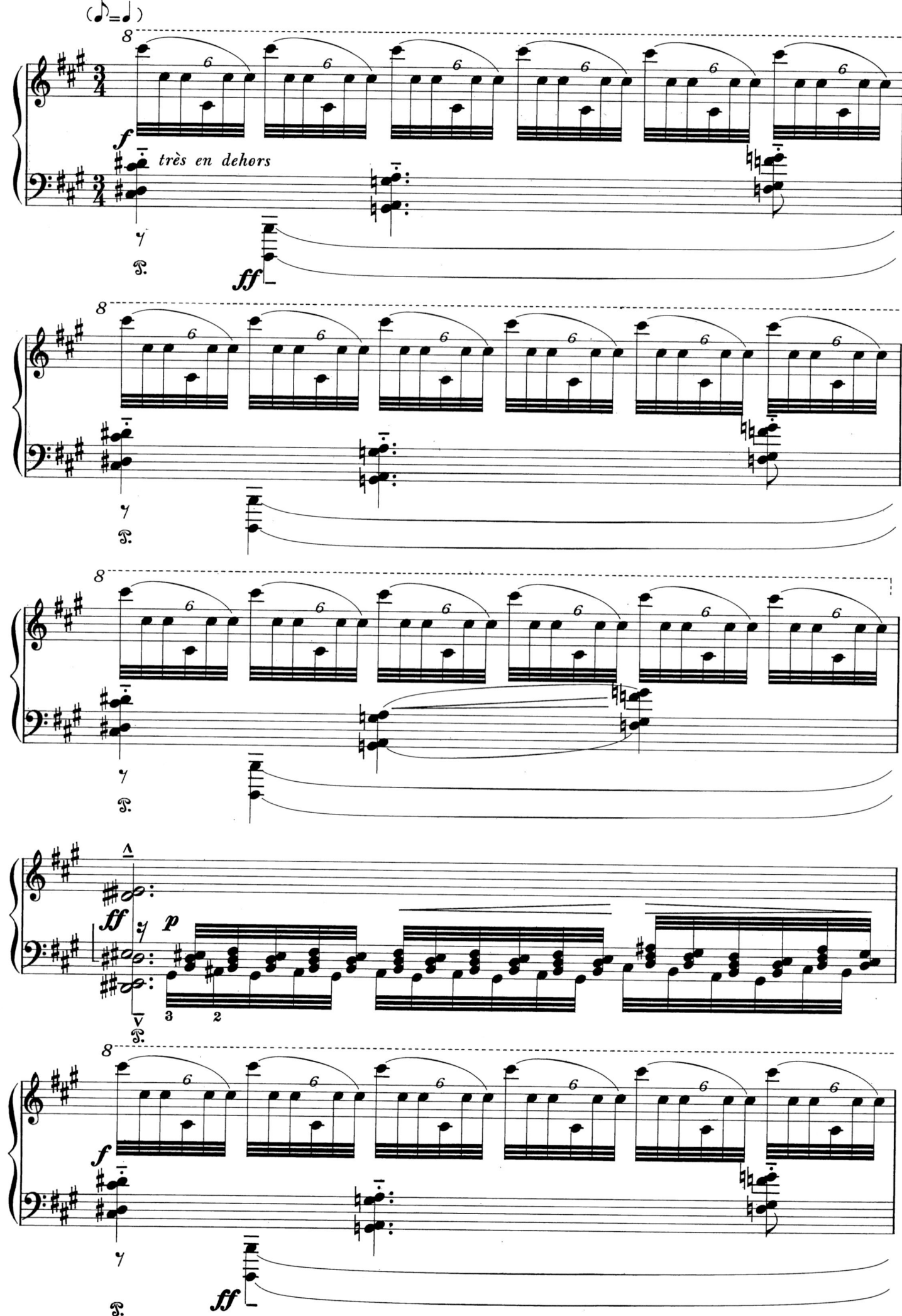

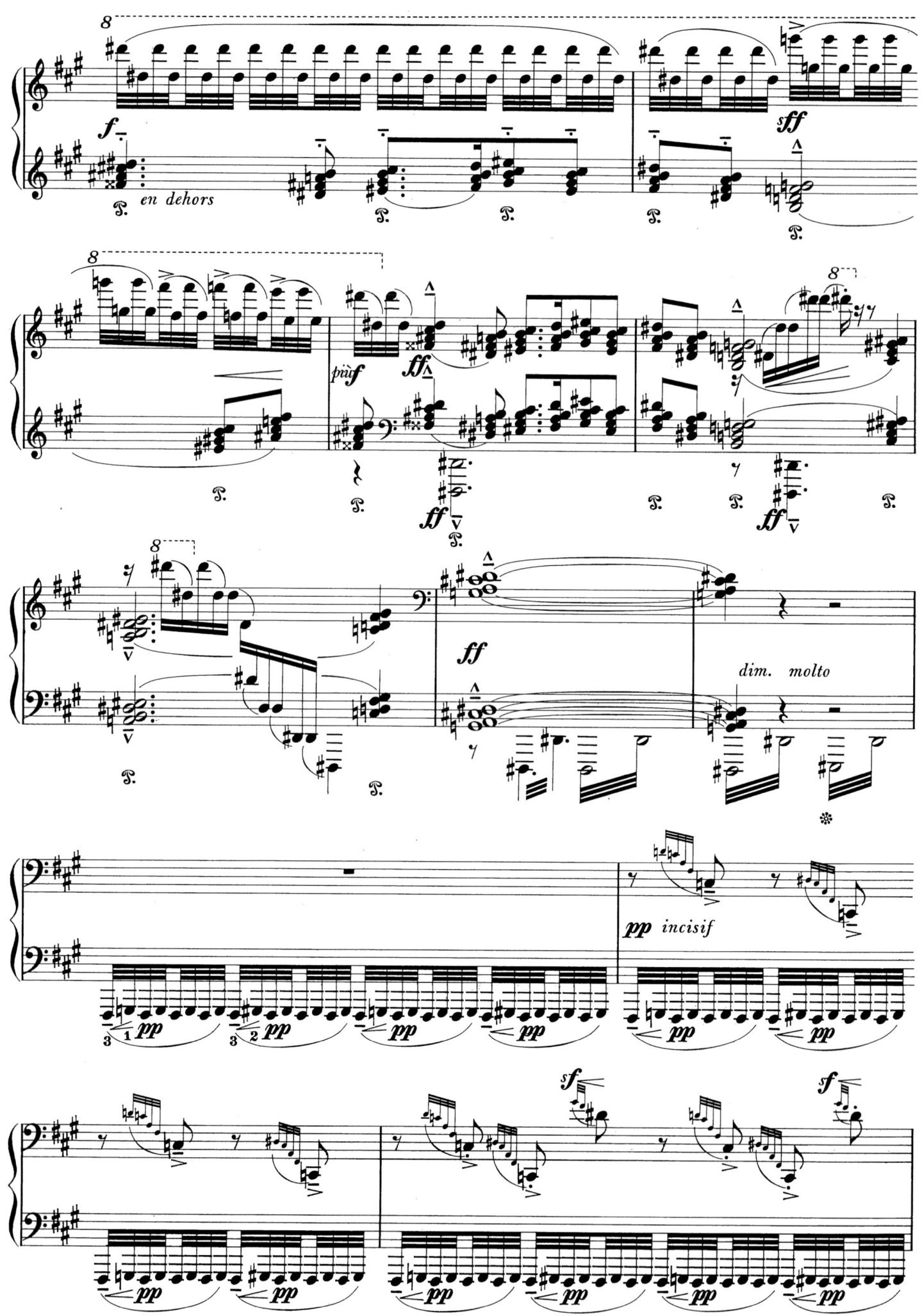

VIII. La fille aux cheveux de lin

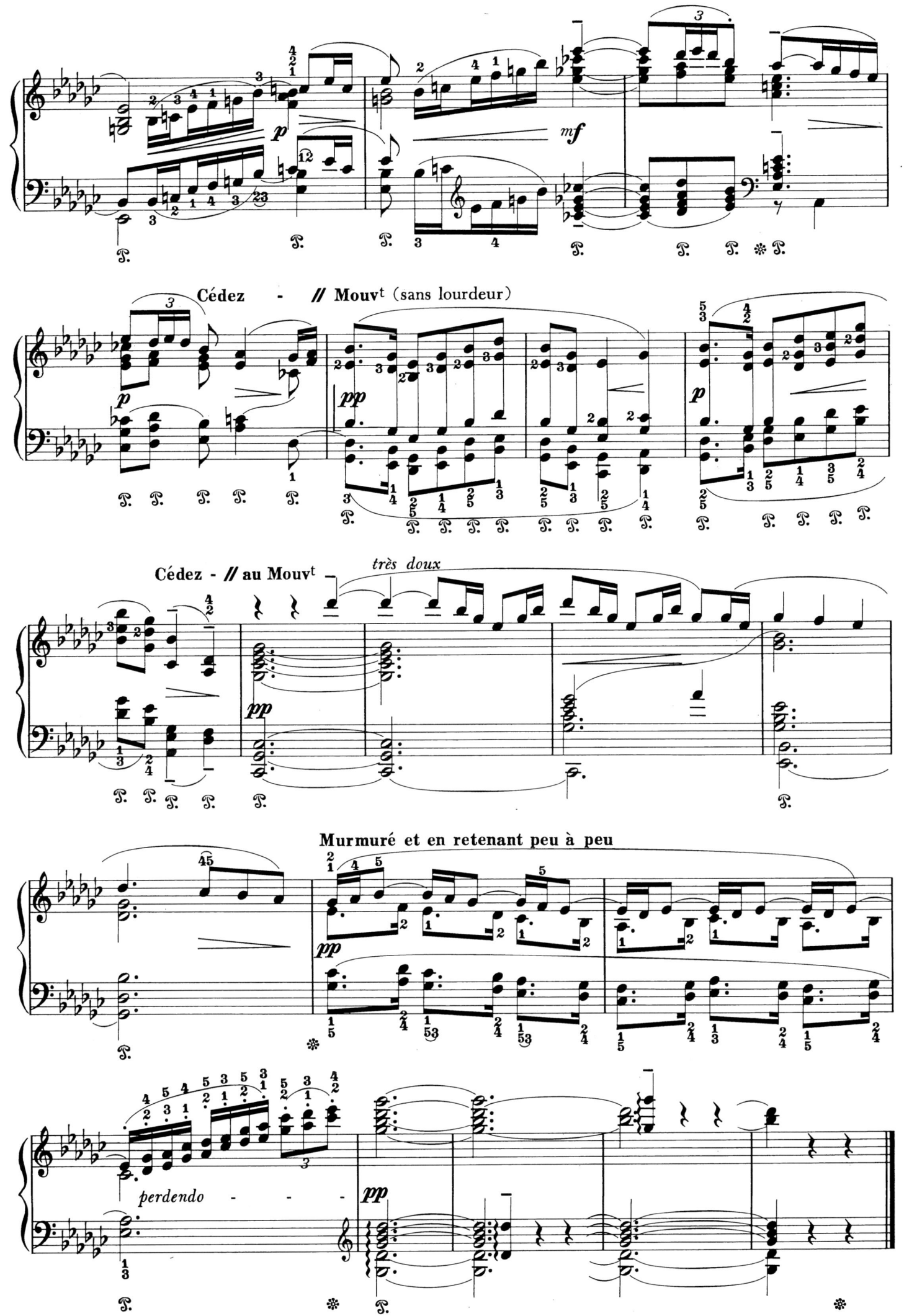

IX. La sérénade interrompue

Modérément animé

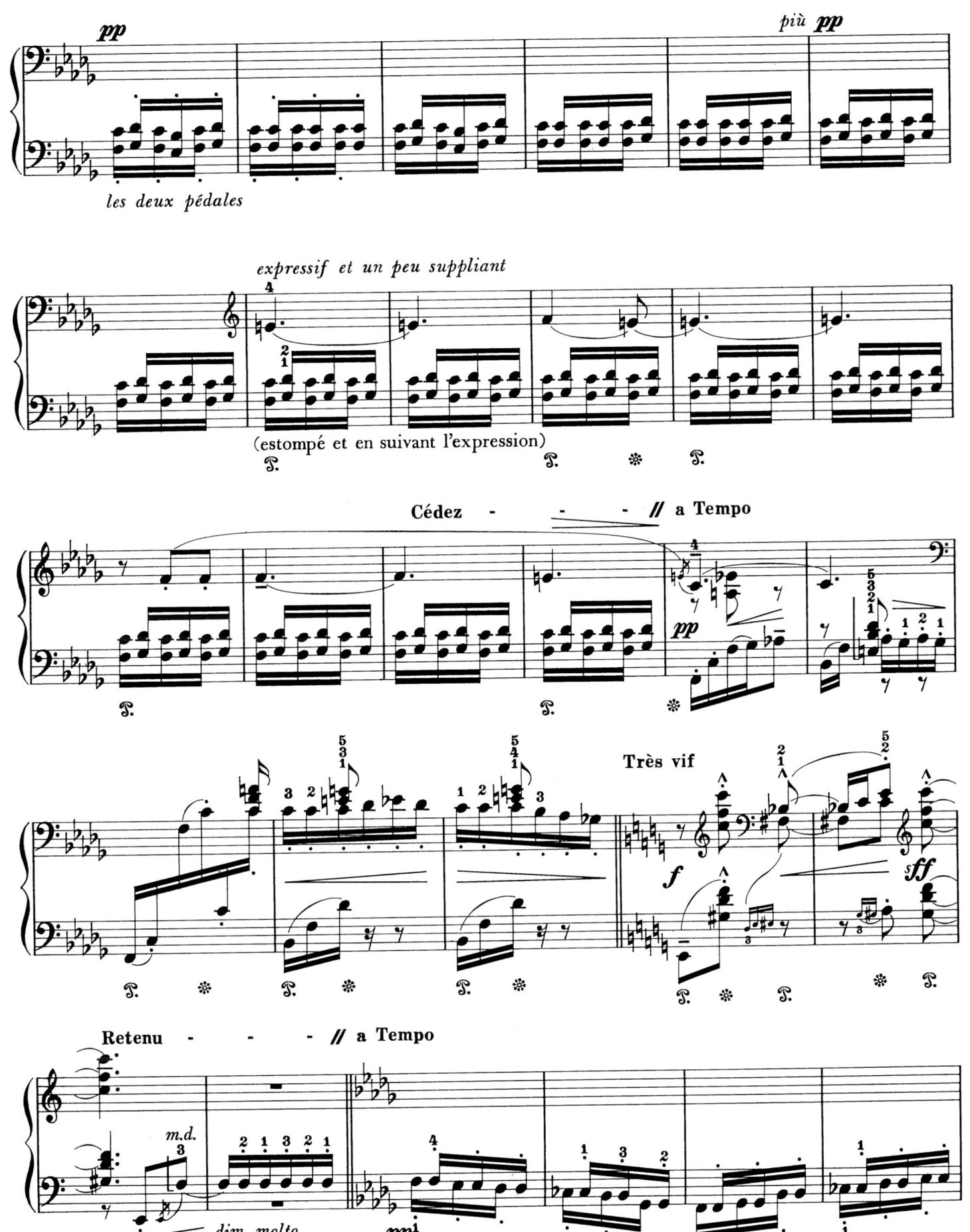

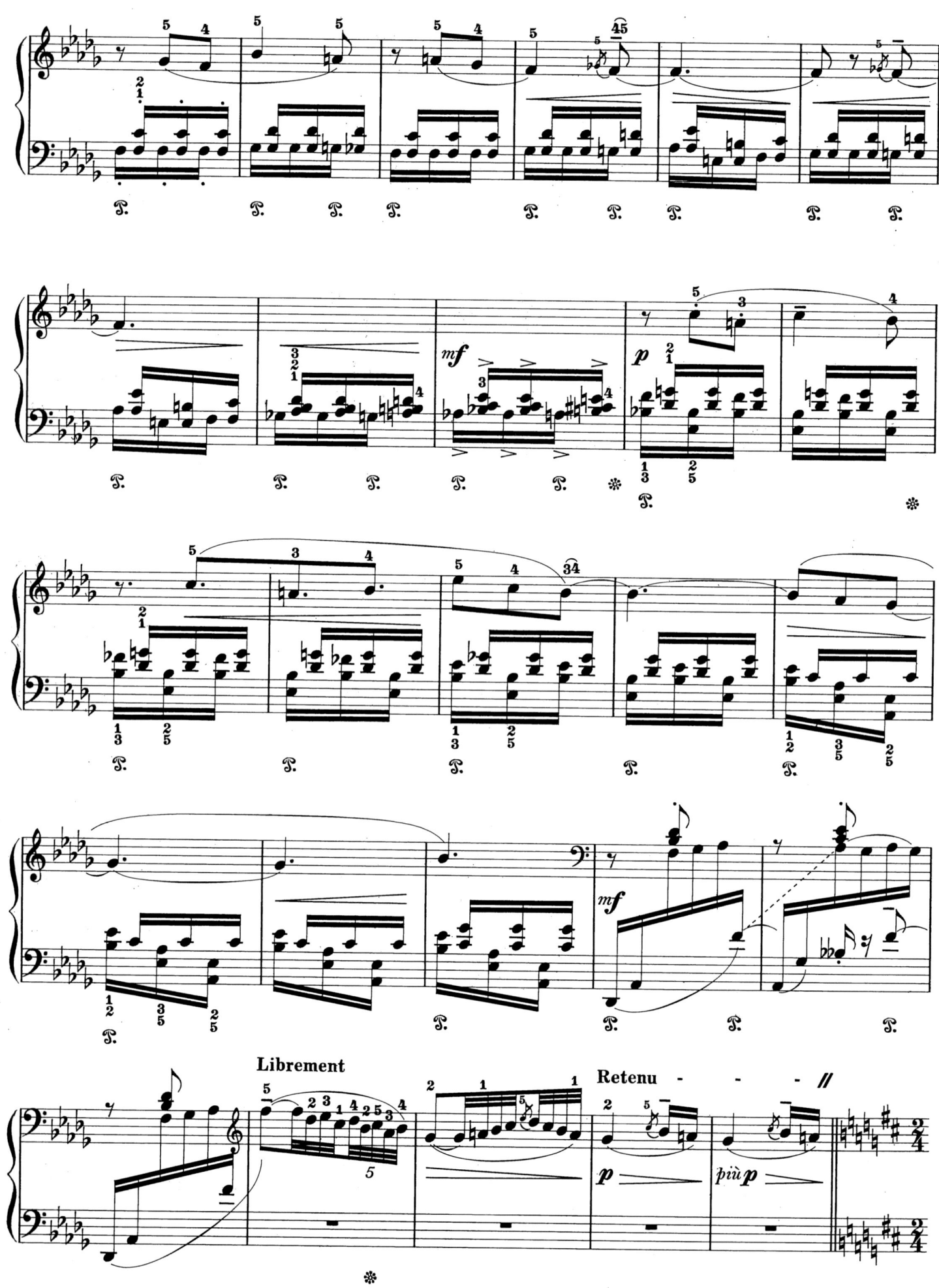

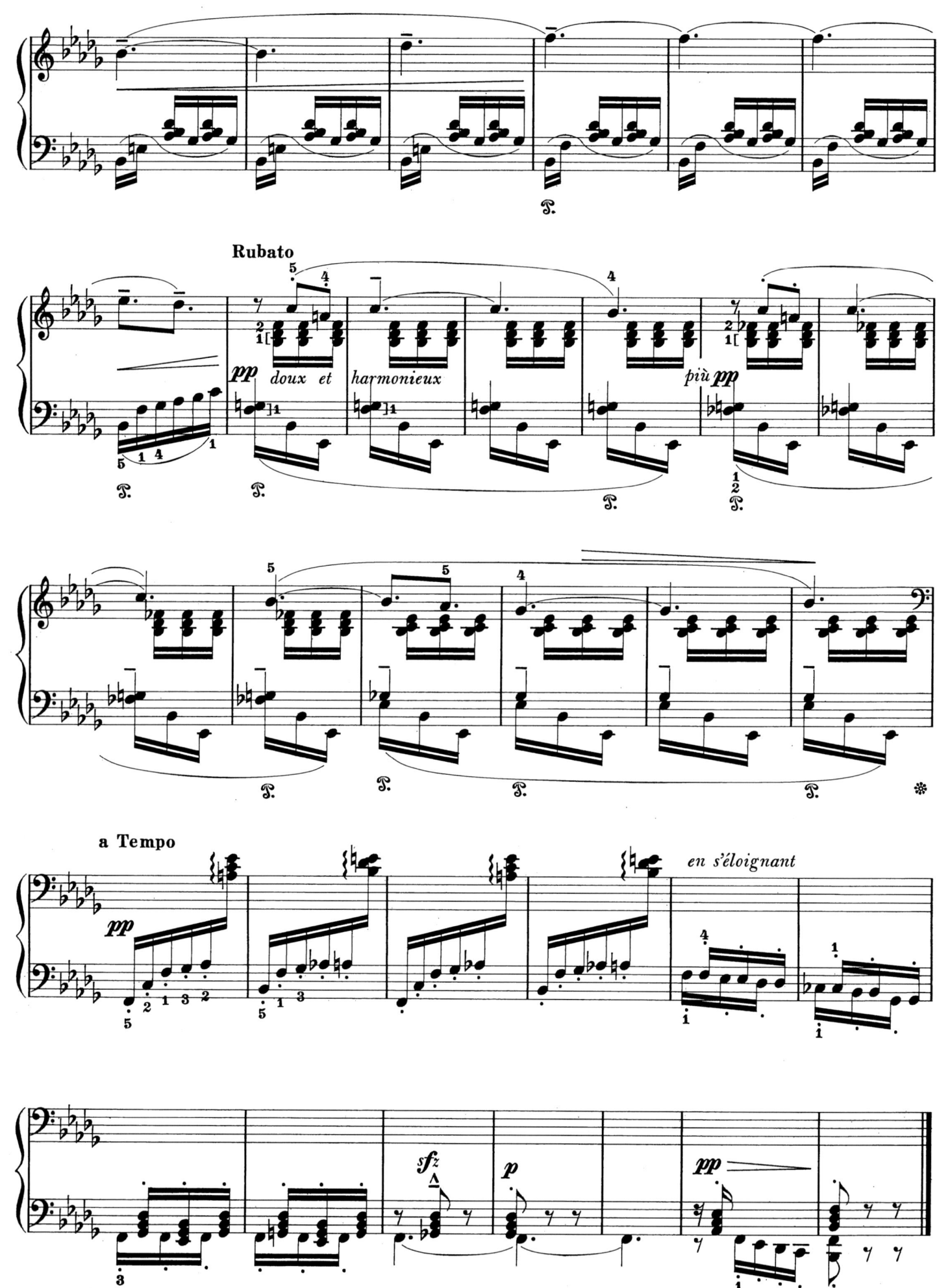

X. La Cathédrale engloutie

Profondément calme (Dans une brume doucement sonore)

Peu à peu sortant de la brume

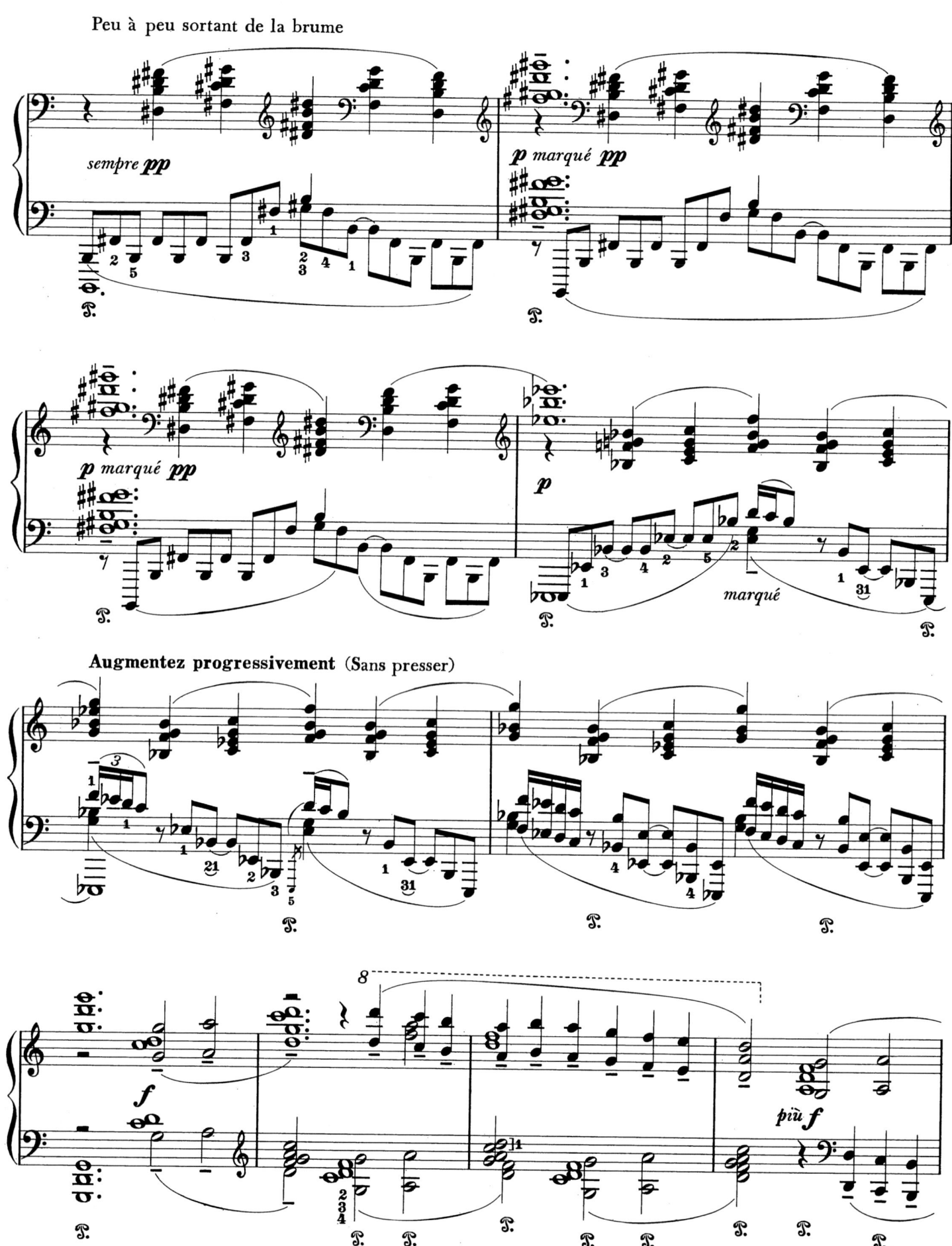

Sonore sans dureté

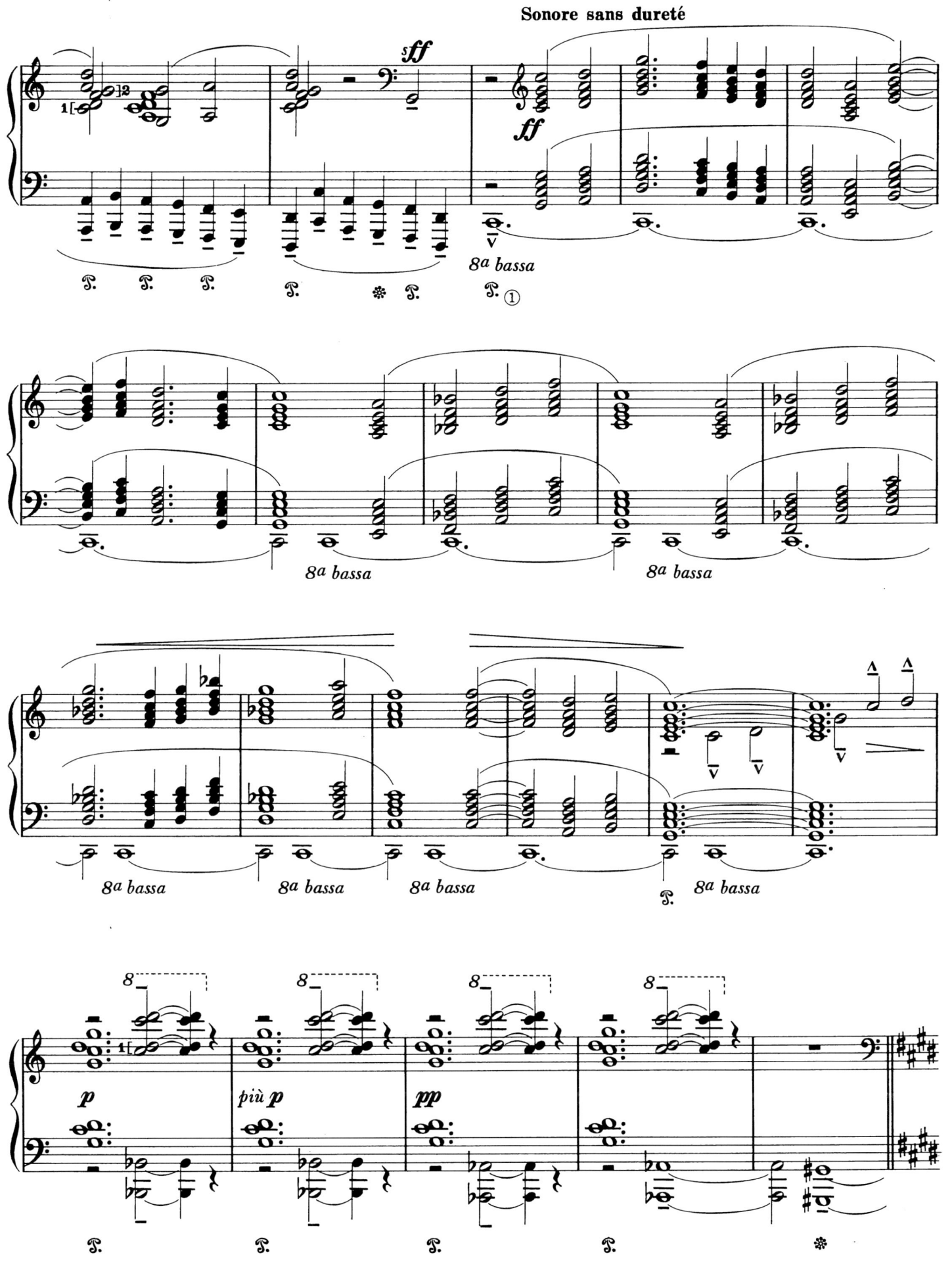

① In twelve long measures hence, one had better play
to keep low C by half-pedal.

① 이곳부터 12마디 사이는 반 페달을 사용하여 저음
C음을 남겨 주는 것이 좋다.

Un peu moins lent (Dans une expression allant grandissant)

XI. La Danse de Puck

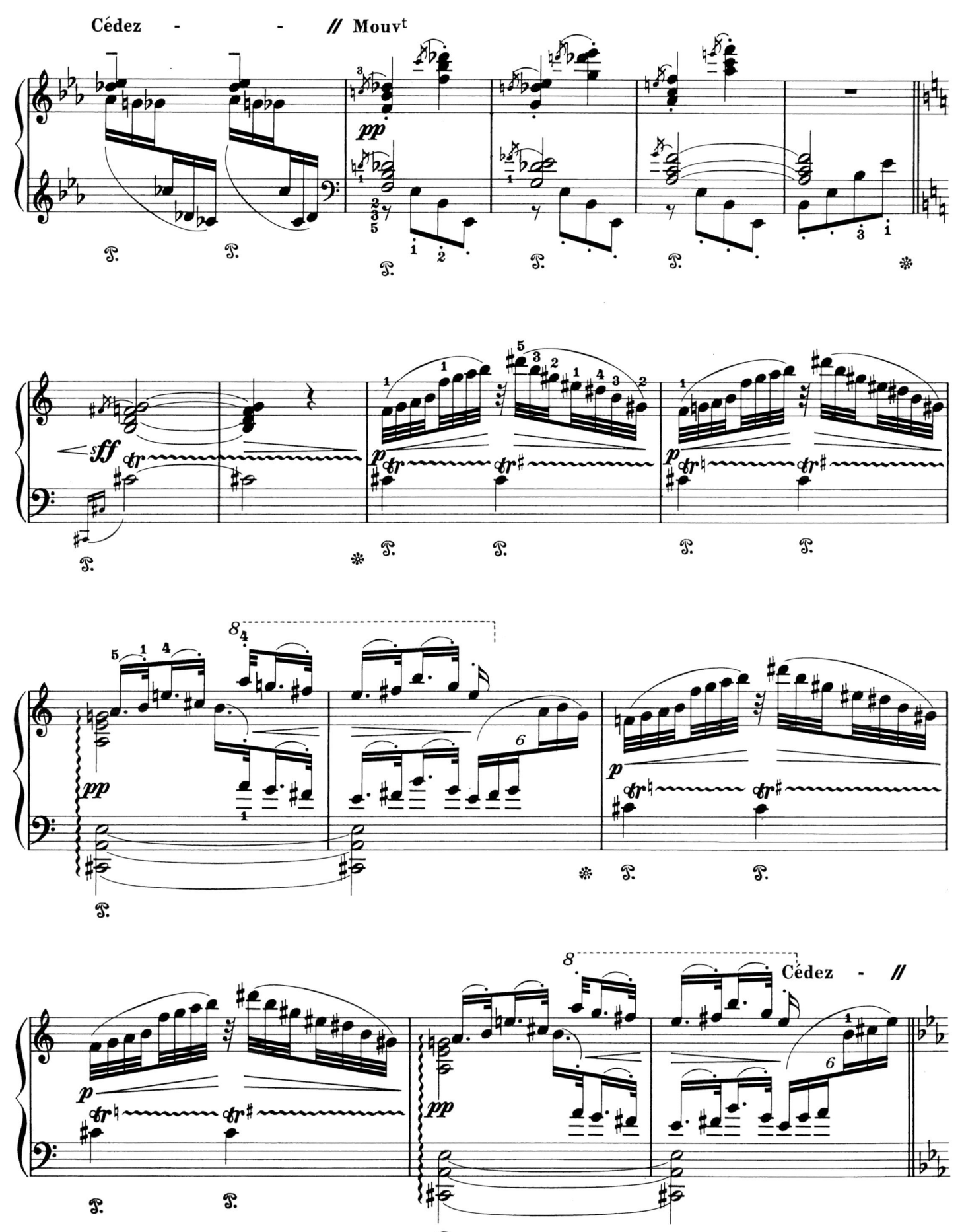

XII. Minstrels

PRÉLUDES

(*2ème LIVRE*)

I . Brouillards

Modéré
extrêmement egal et léger
la m.g. un peu en valeur sur la m.d.

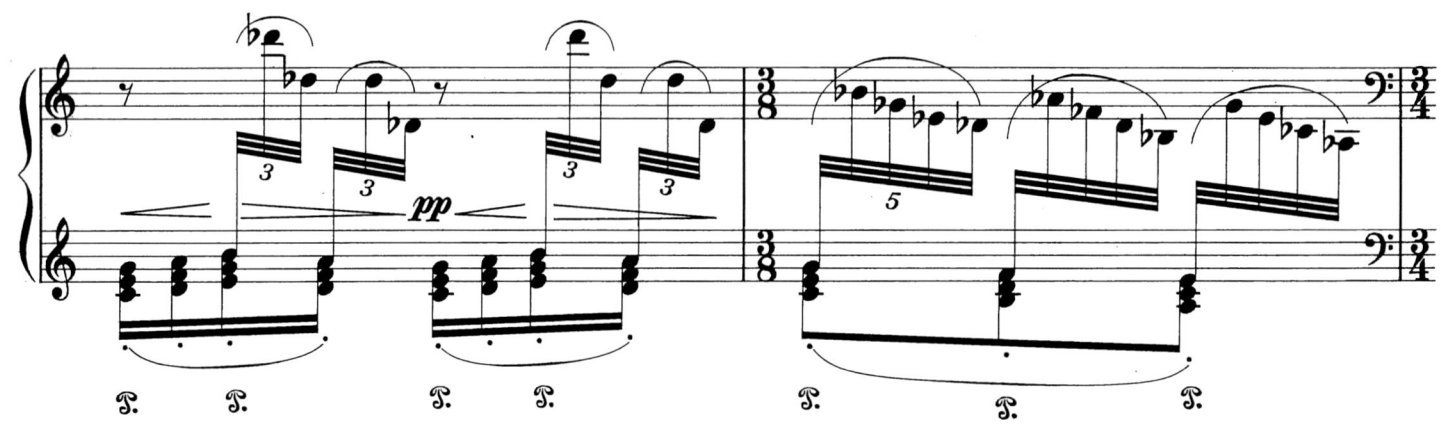

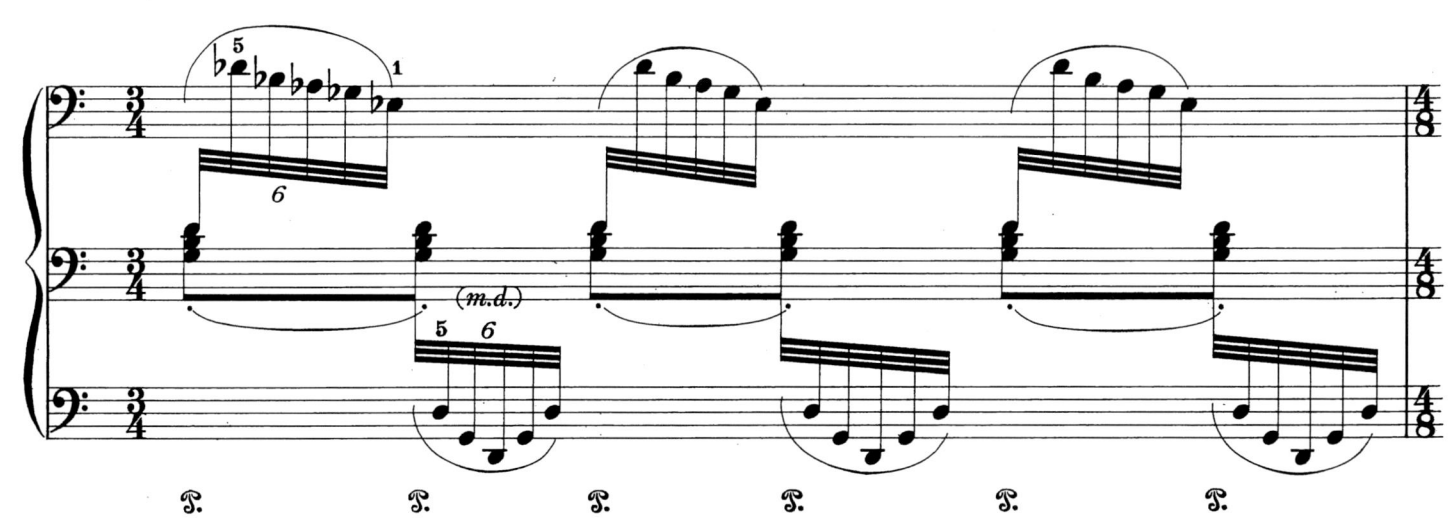

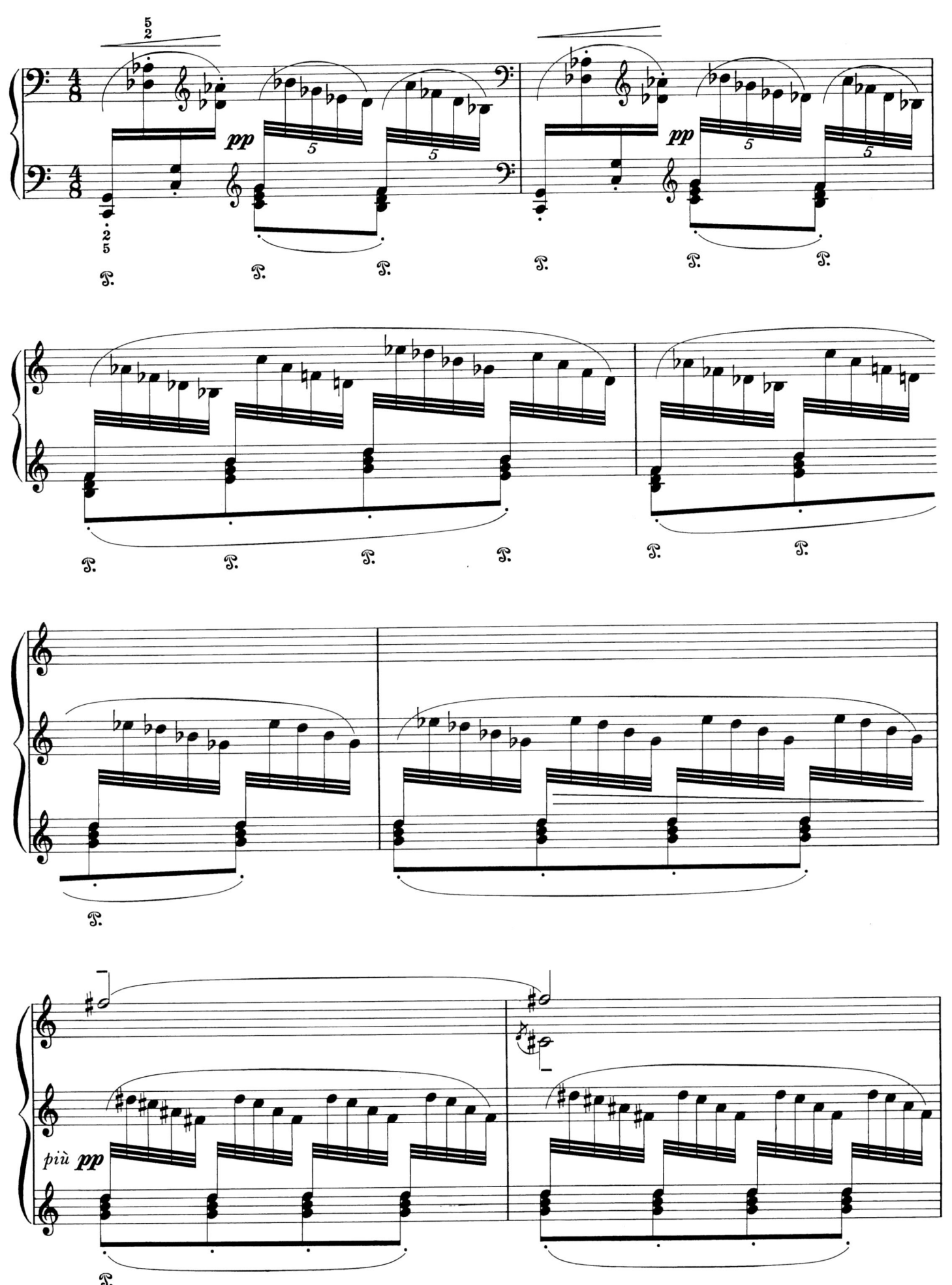

① Pedal by Debussy. ① 드뷔시가 붙인 페달.

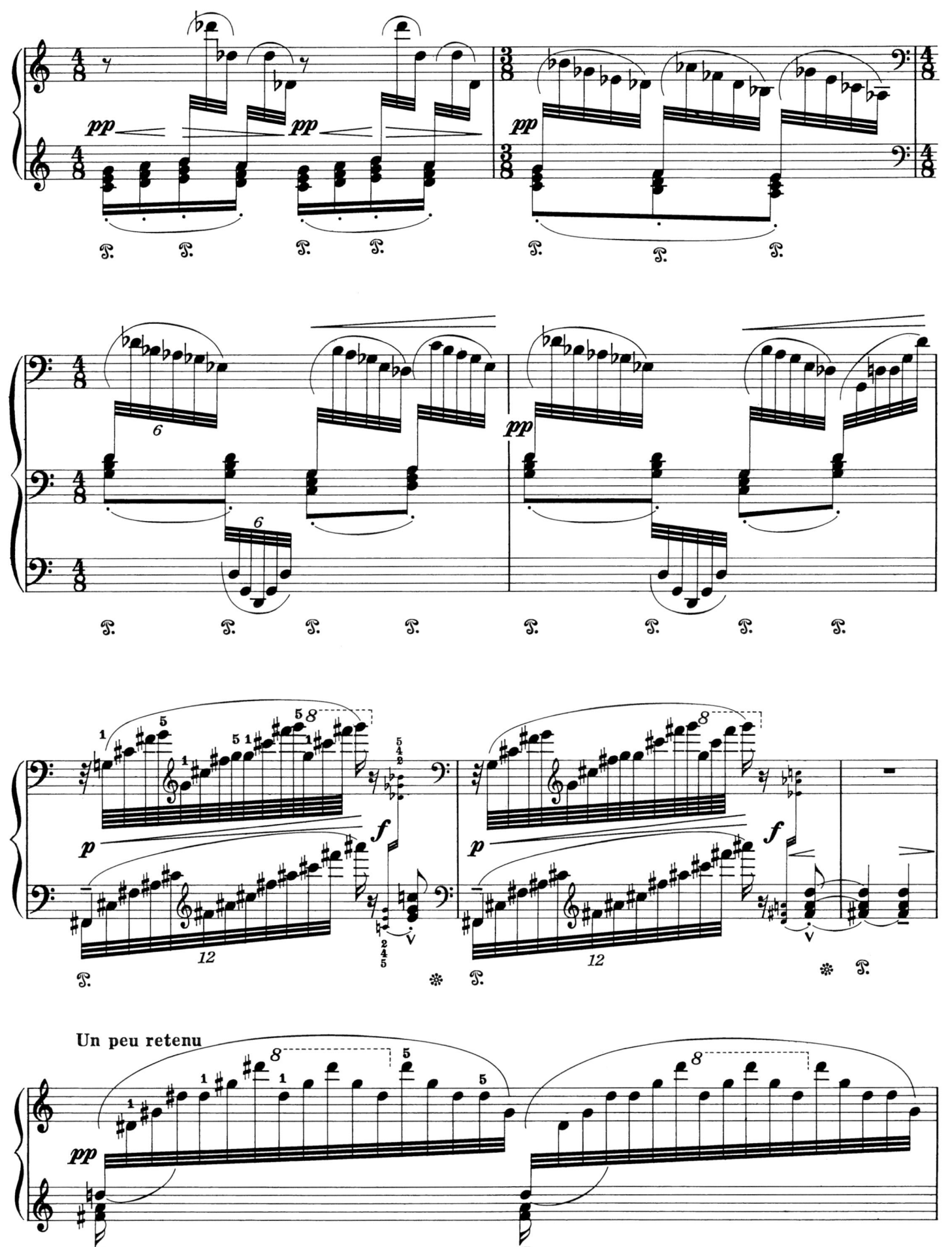

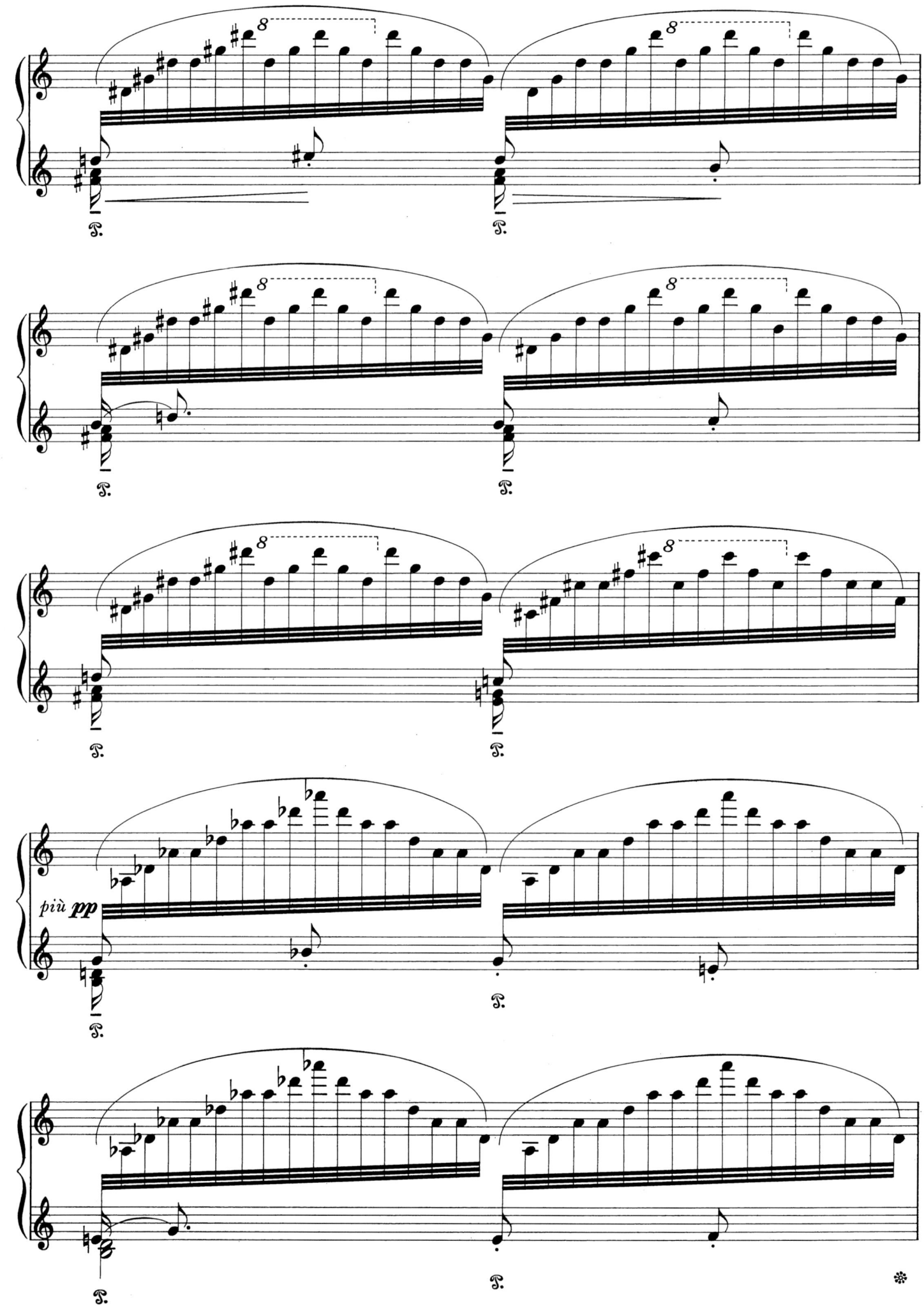

① Pedal by Debussy.   ① 드뷔시가 붙인 페달.

II. Feuilles mortes

Lent et mélancolique

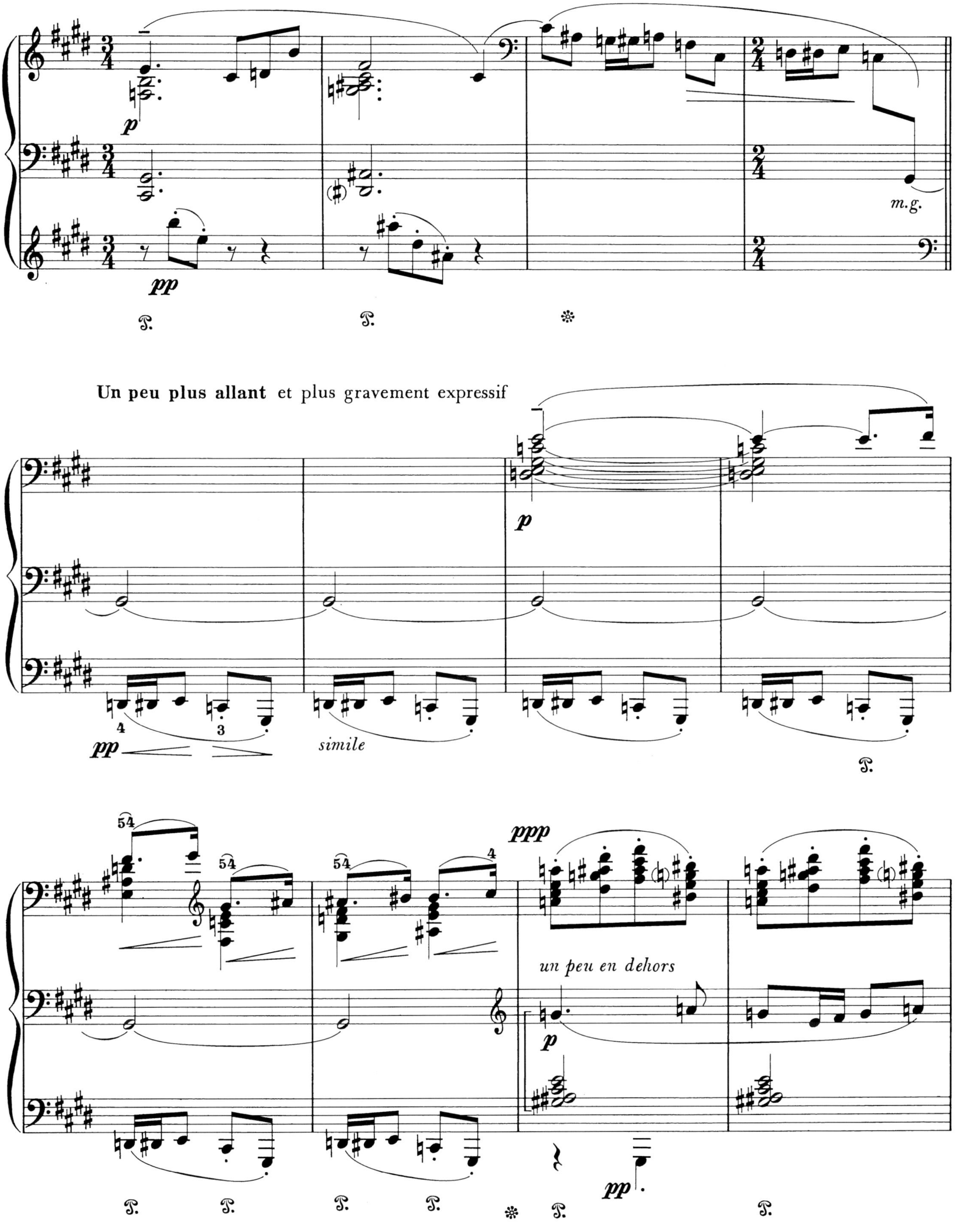

Un peu plus allant et plus gravement expressif

Mouv^t (dans le sentiment du début)

III. La Puerta del Vino

Mouv^t de Habanera
avec de brusques oppositions d'extrême
violence et de passionnée douceur

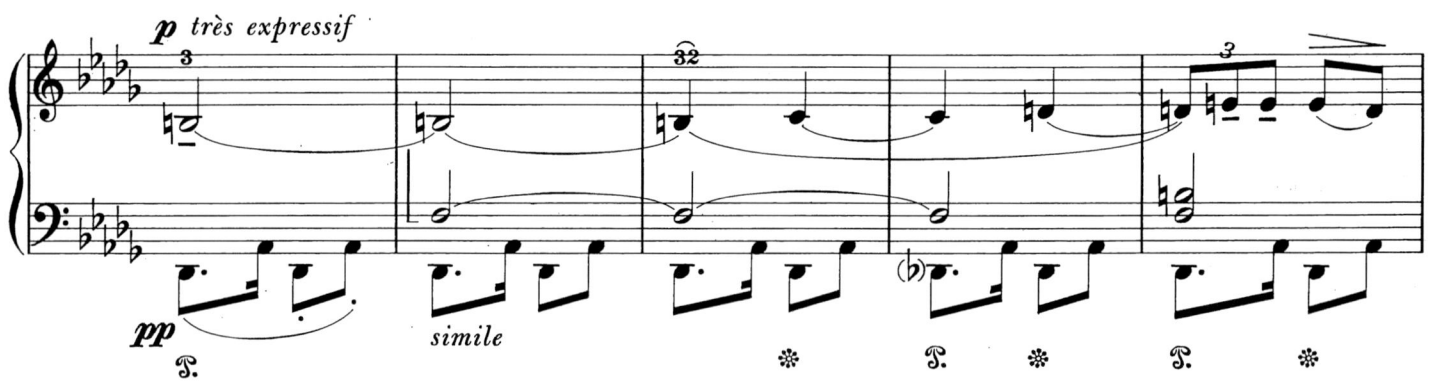

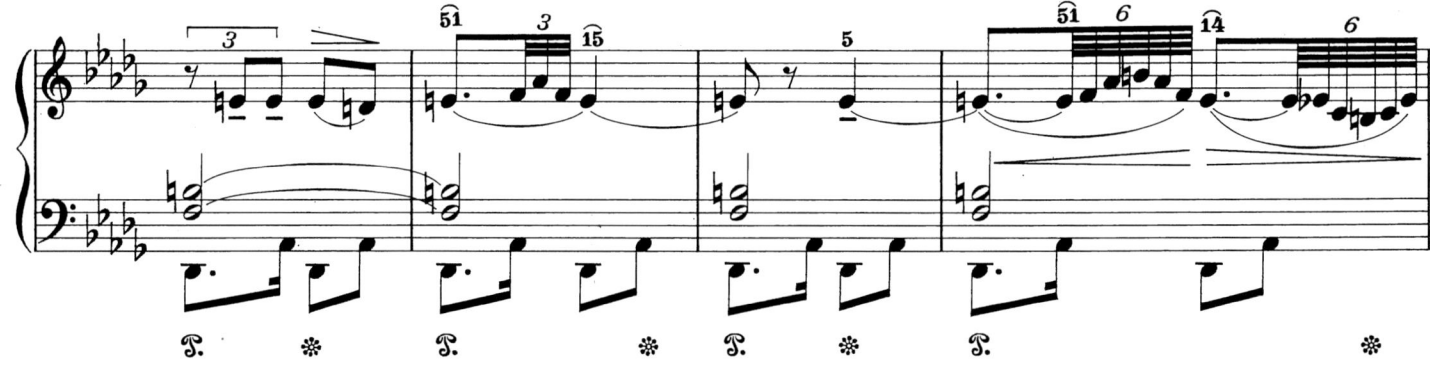

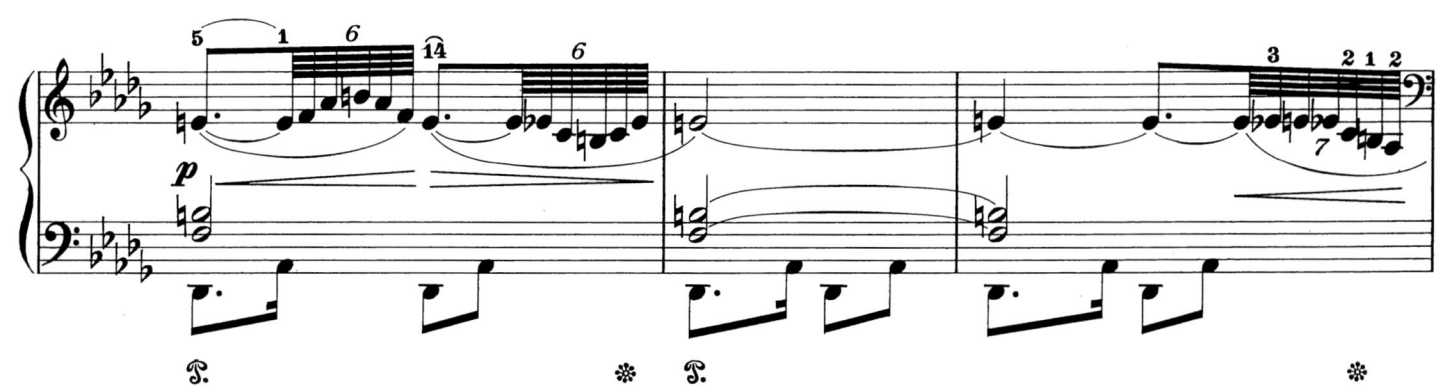

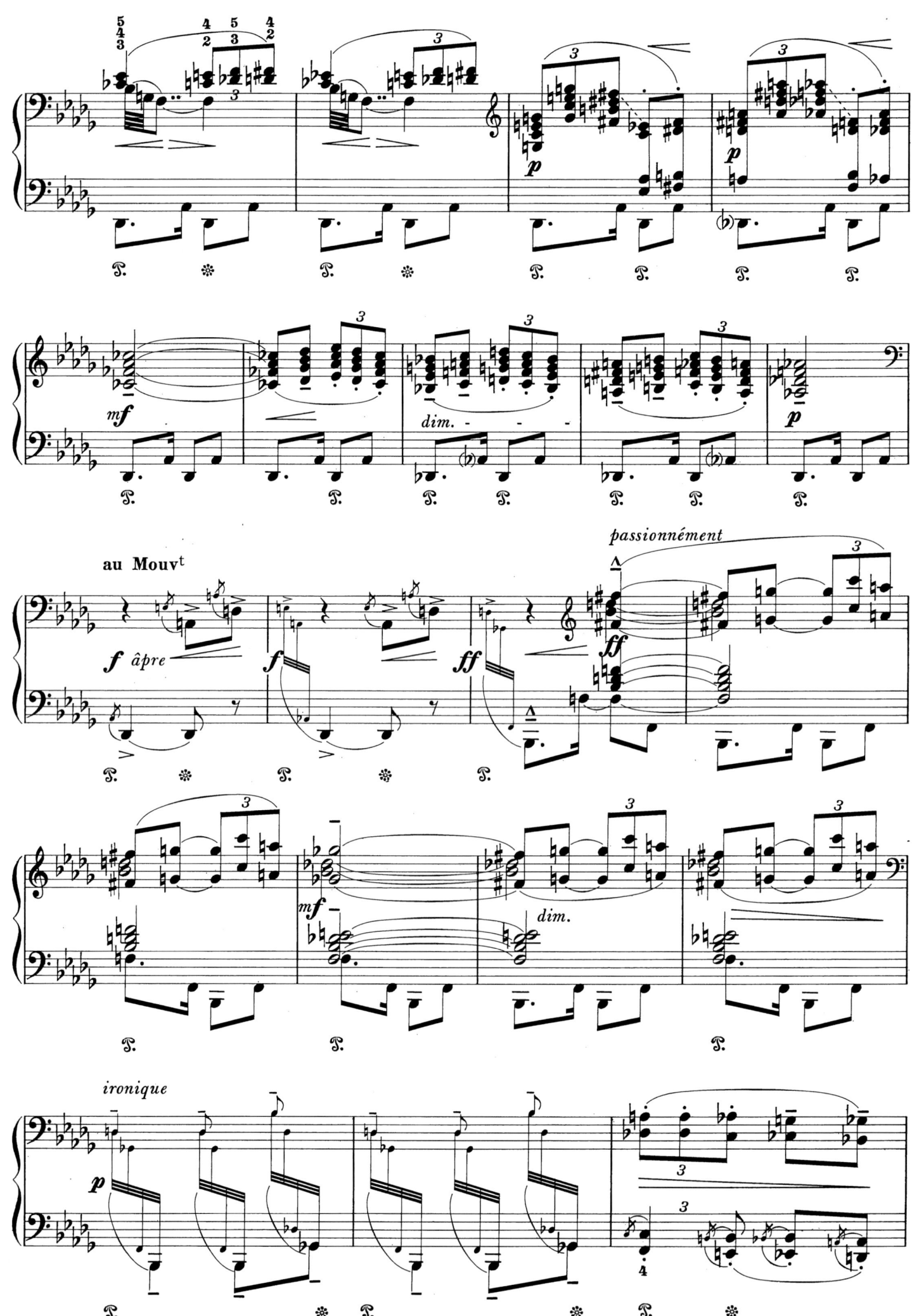

① This chord may be play by left hand, and replaced by right hand.

① 이 화음은 왼손으로 친 다음에 오른손으로 바꾸는 것이 좋다.

IV. "Les Fées sont d'exquises danseuses"

Rapide et léger

V . Bruyères

Calme—Doucement expressif ♩=66

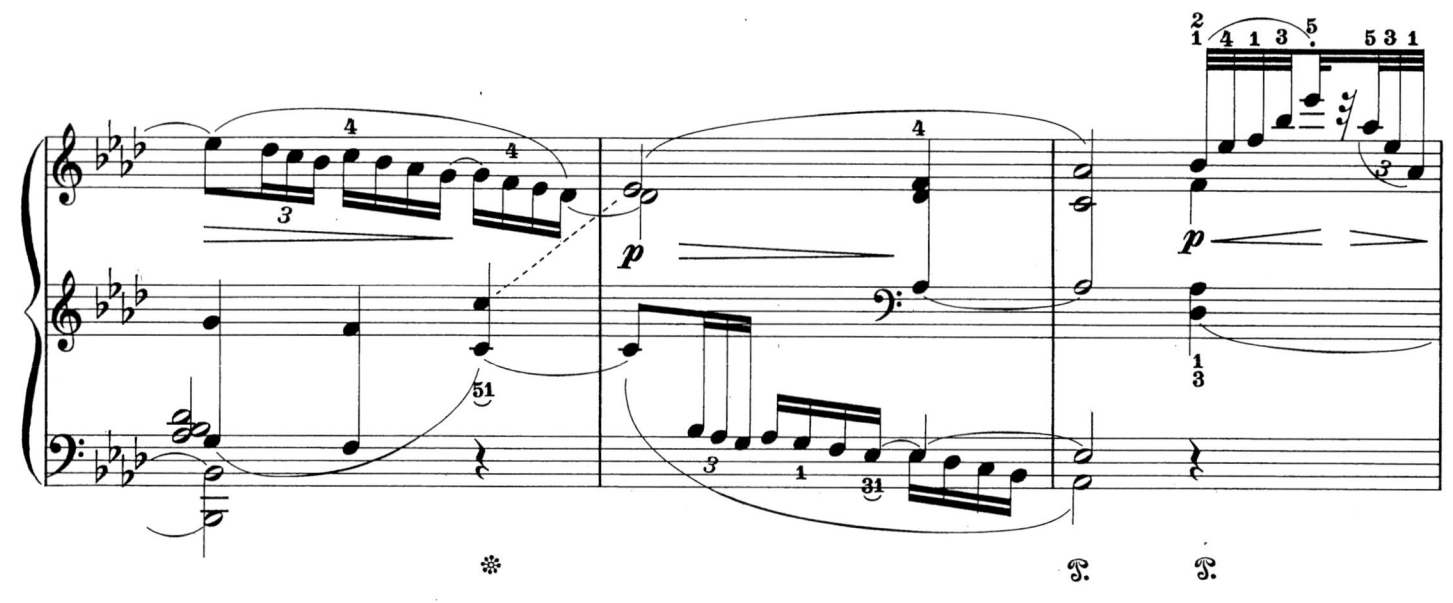

Un peu animé

① Half-pedal.　① 반 페달.

VI. General Lavine-eccentric

Dans le style et le Mouvement d'un Cake-Walk

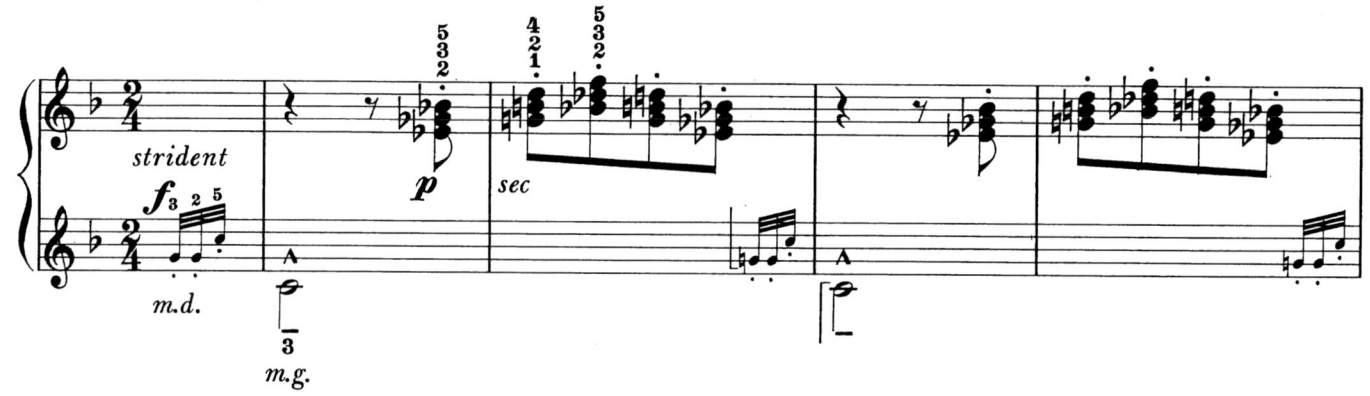

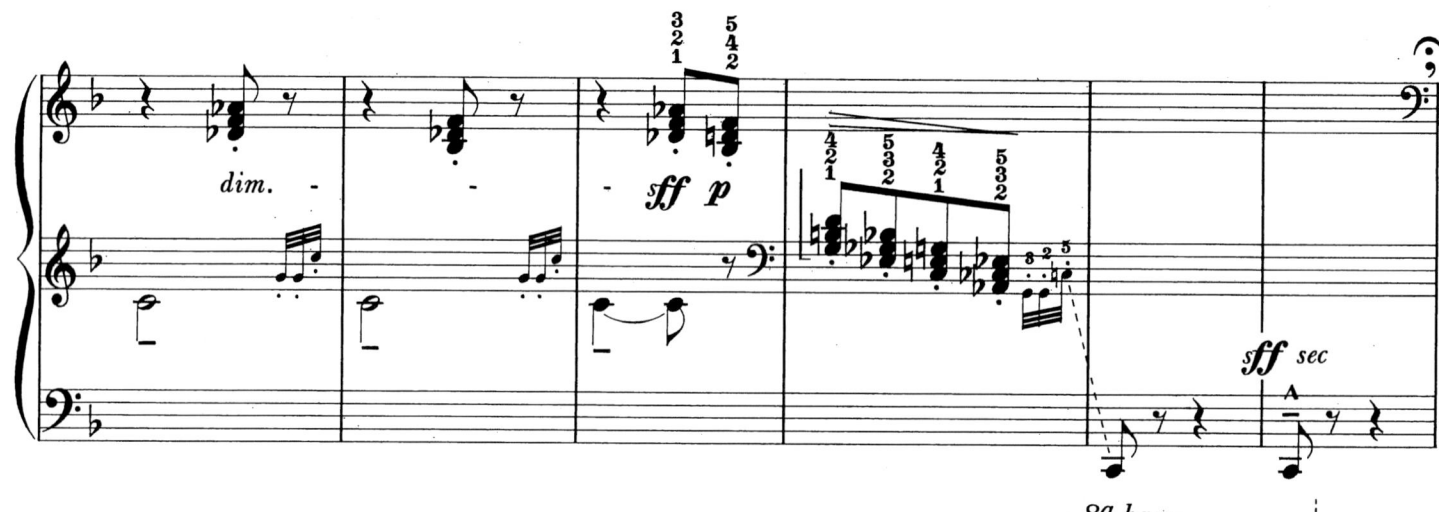

Spirituel et discret

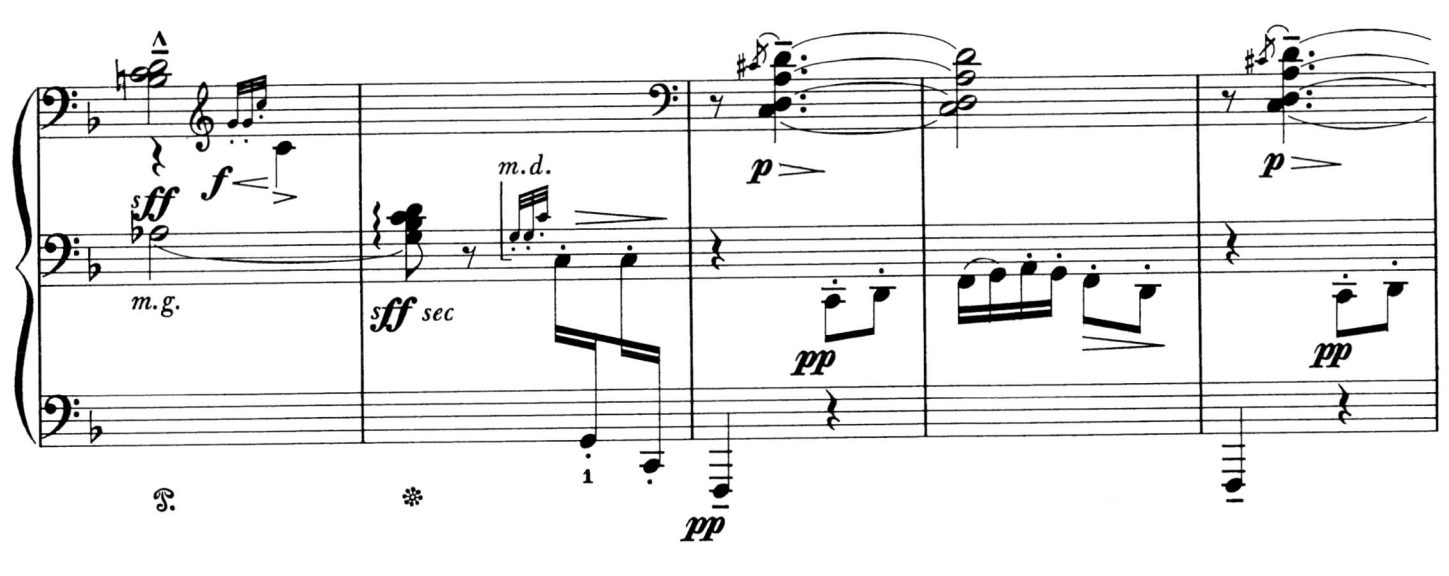

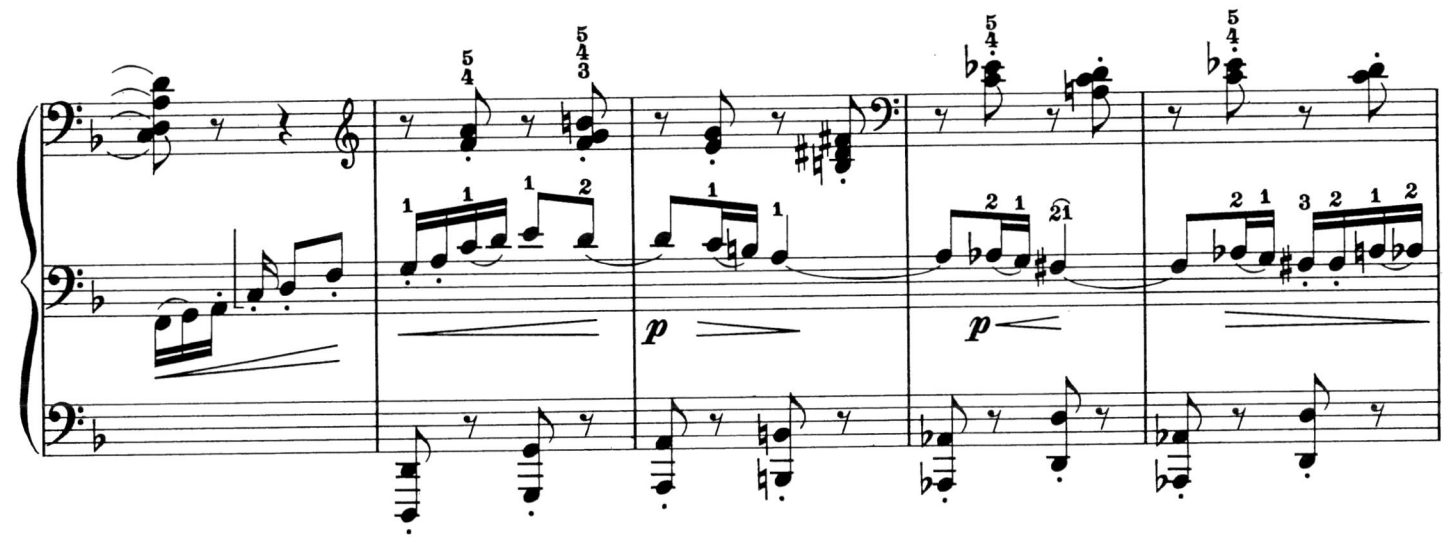

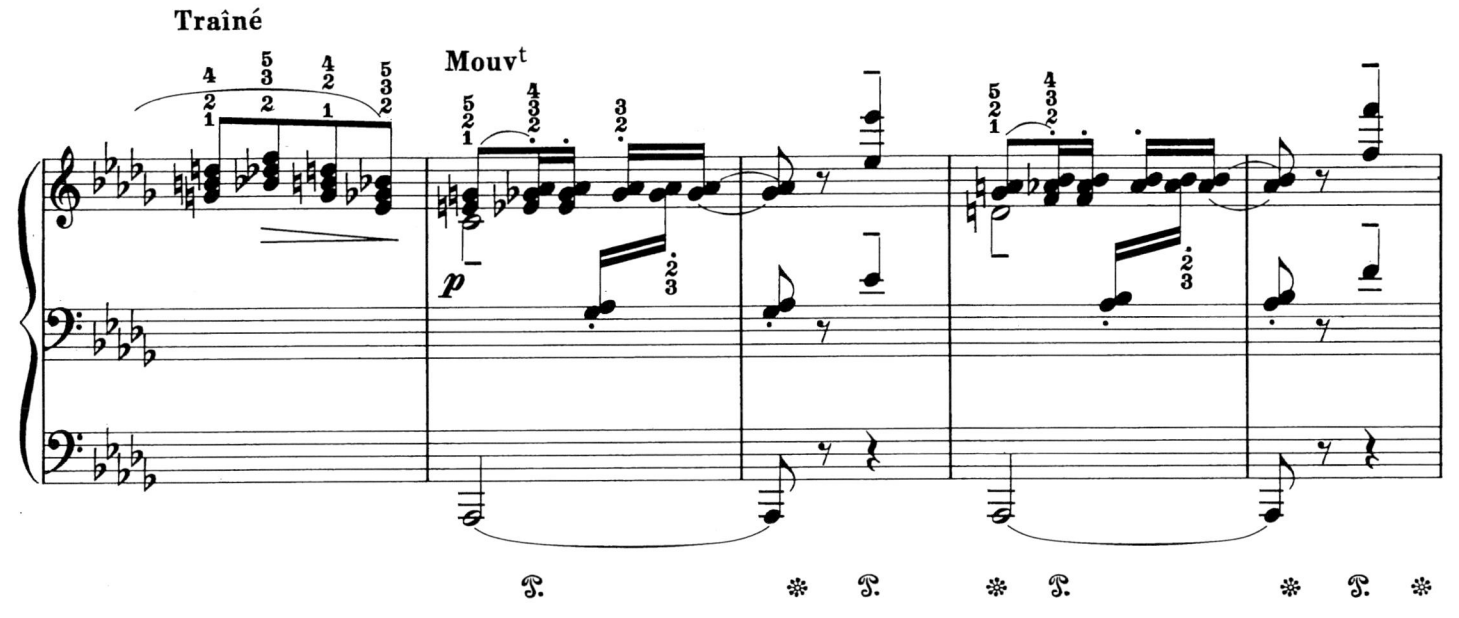

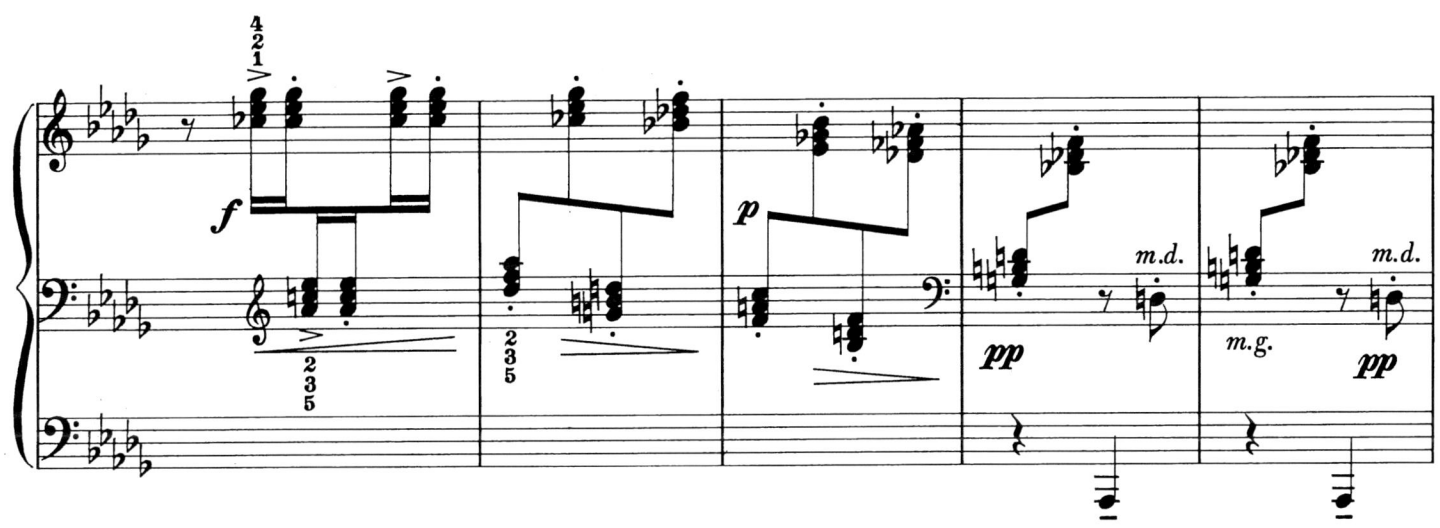

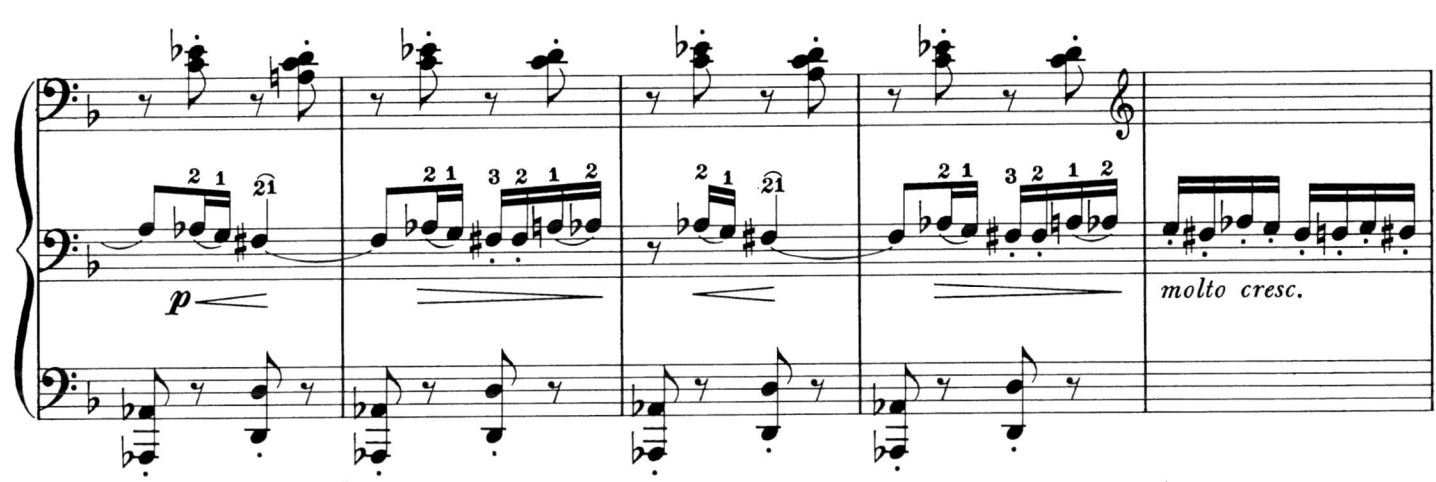

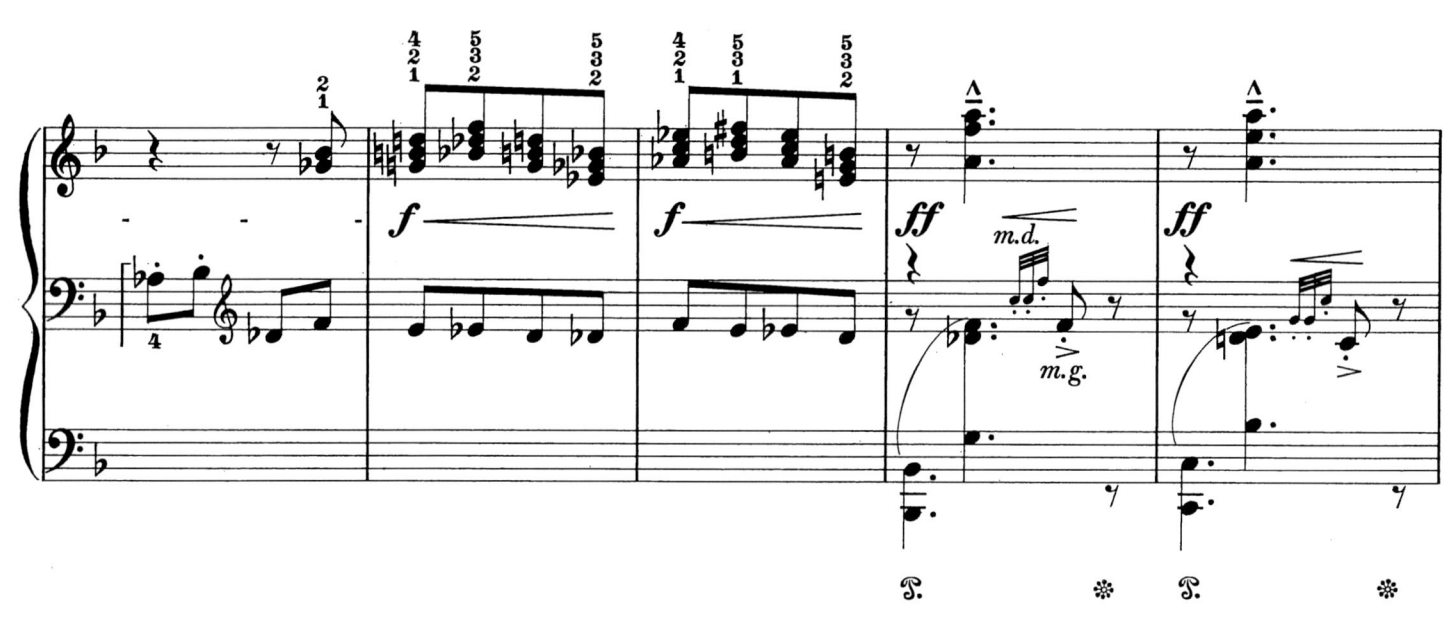

VII. La terrasse des audiences du clair de lune

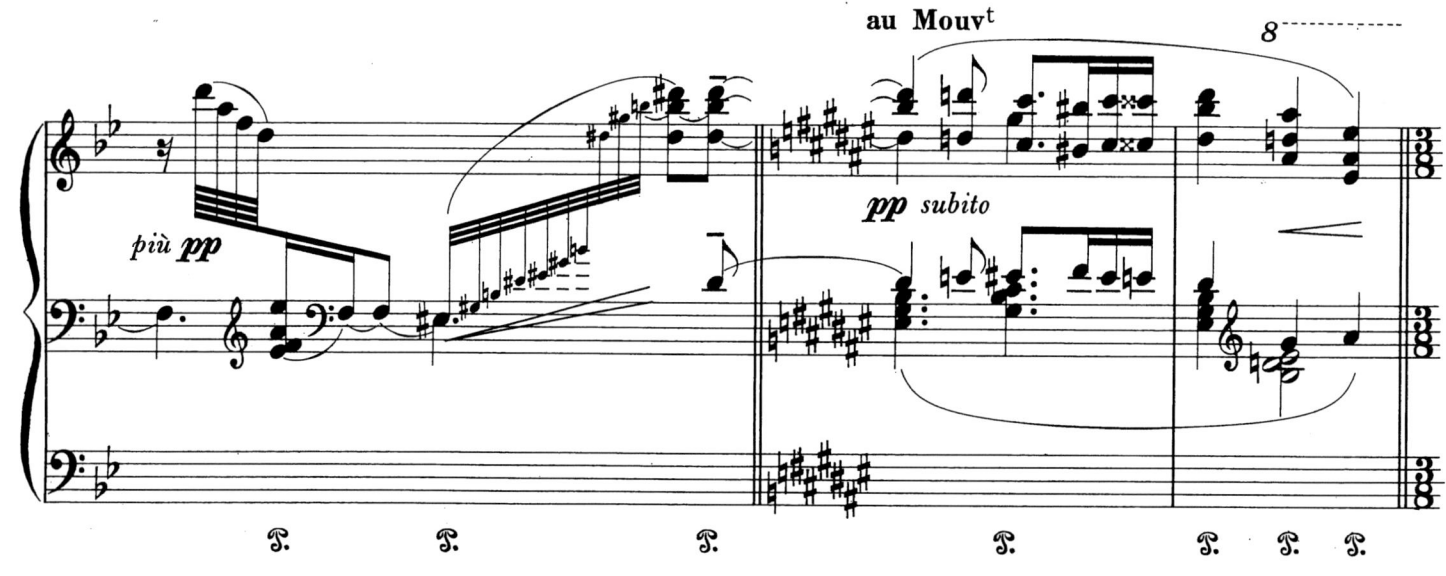

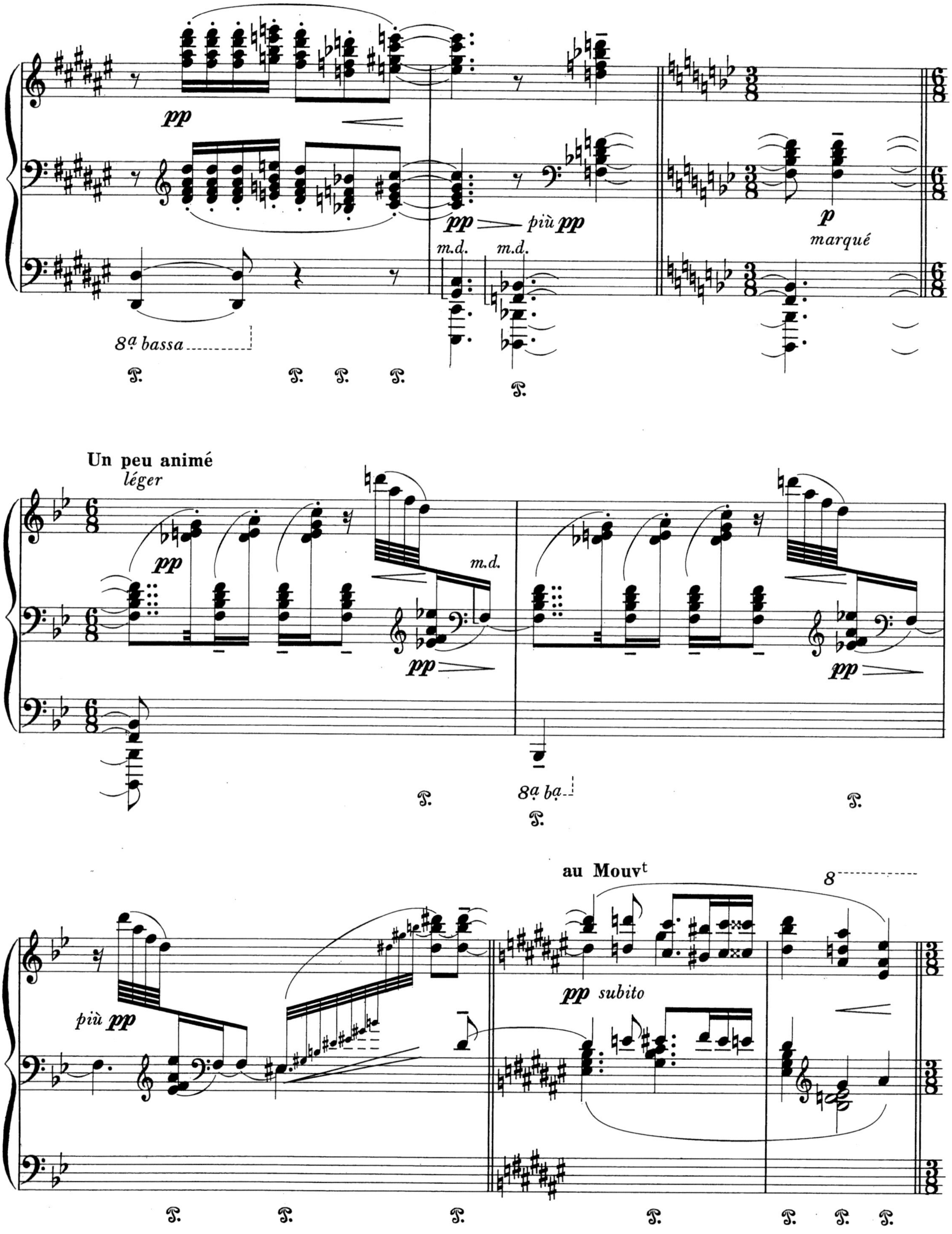

pp
pp
più pp
p
marqué
m.d.
m.d.
8ª bassa
Un peu animé
léger
pp
m.d.
pp
pp
8ª ba
più pp
au Mouvt
8
pp subito

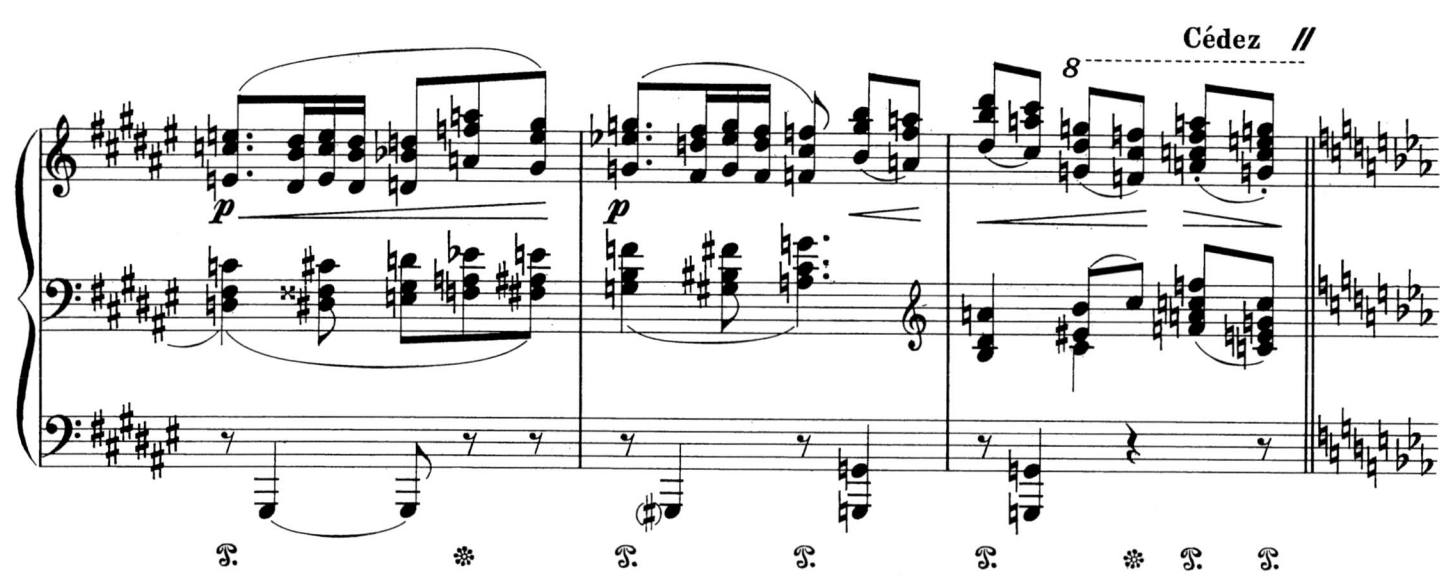

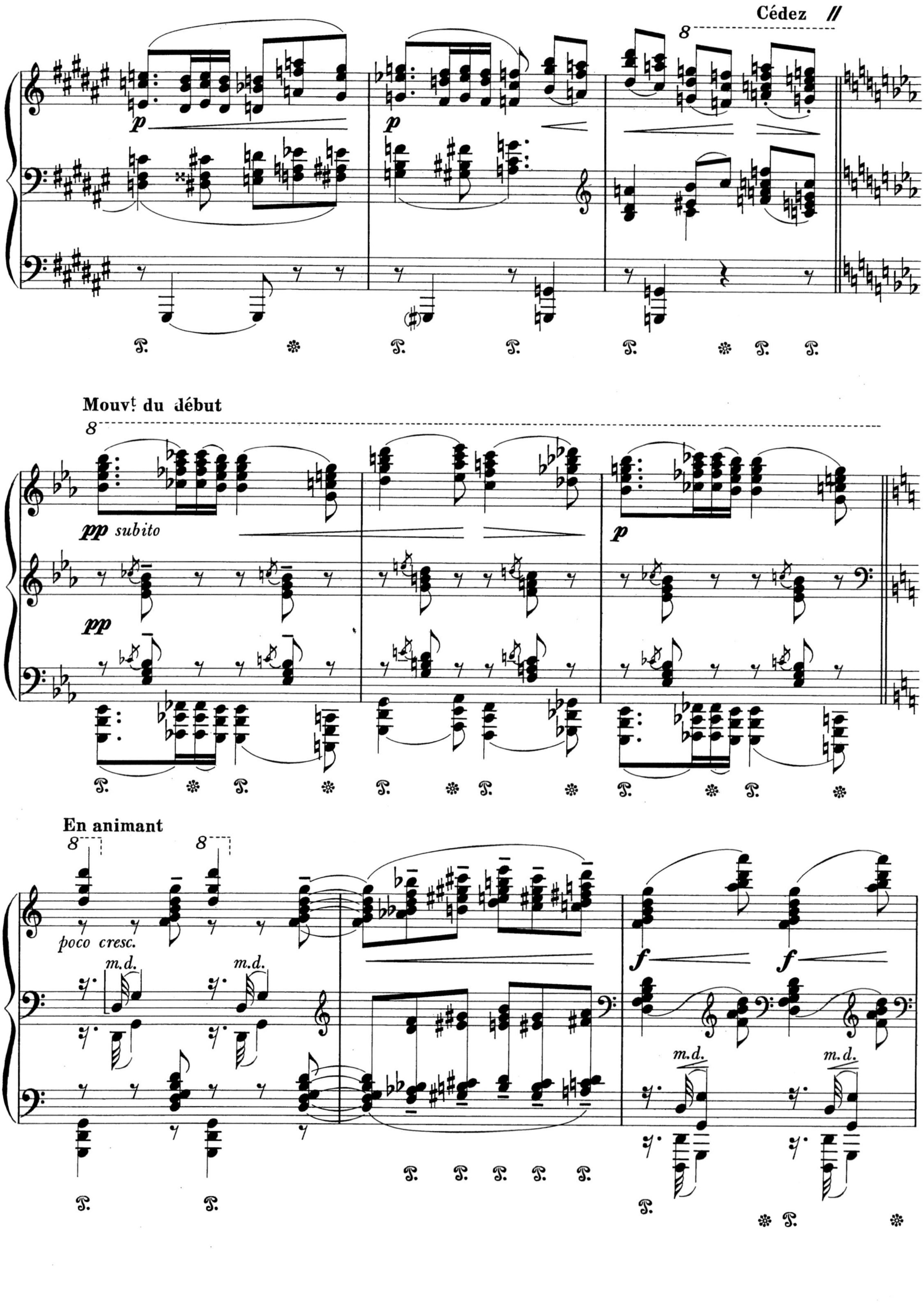
Cédez
p
p
Mouvt du début
pp subito
p
pp
En animant
poco cresc.
m.d.
m.d.
f
f
m.d.
m.d.

sempre pp
Plus lent
p
pp
(timbrez légèrement
la petite note)

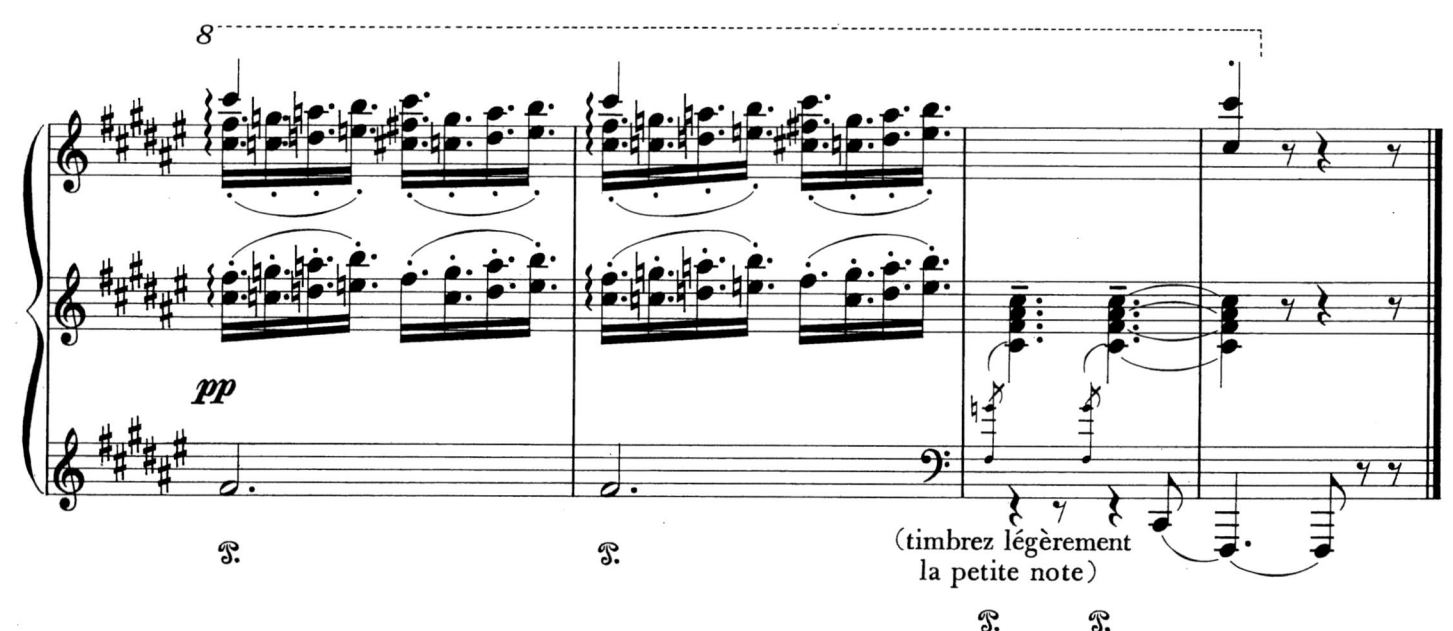

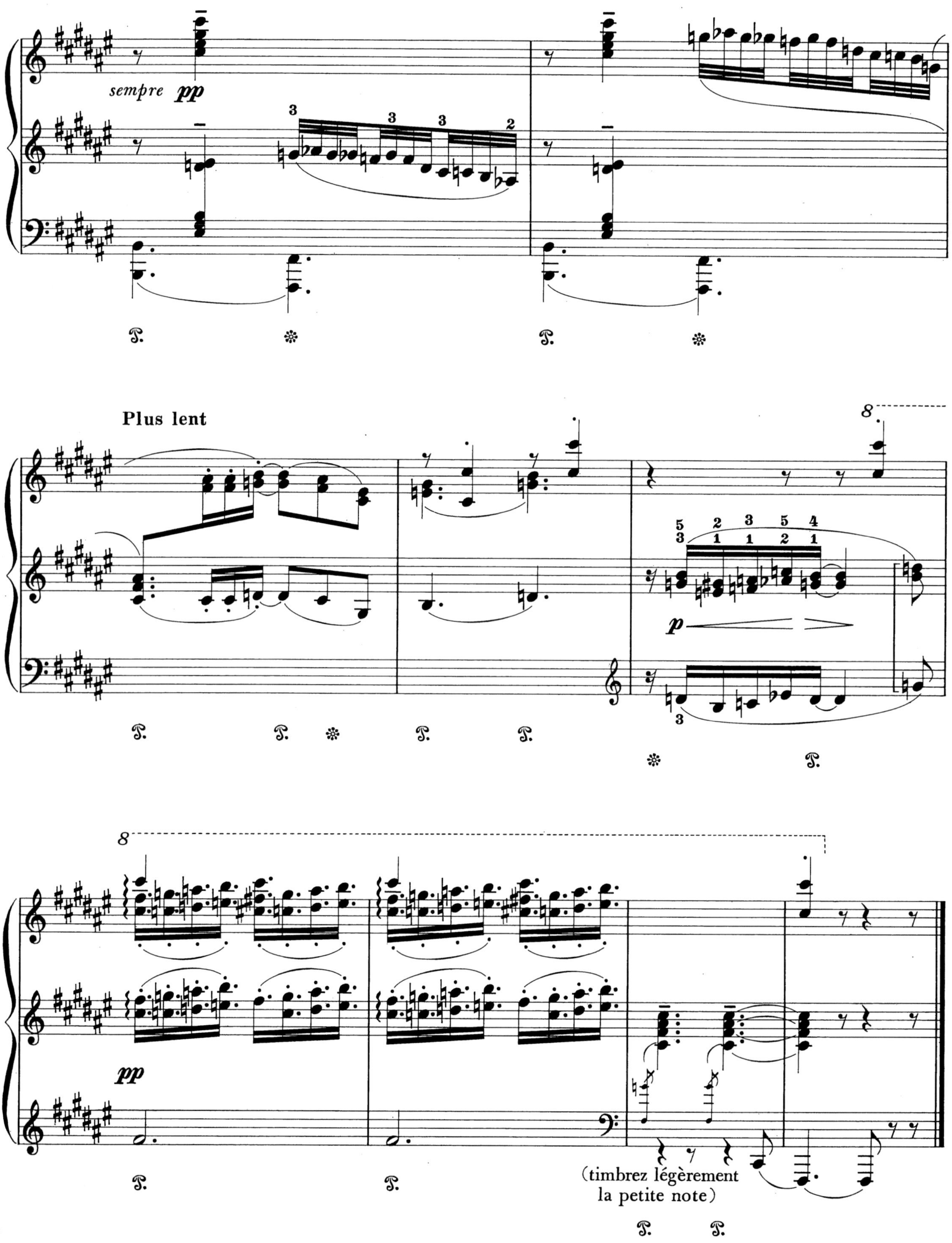

VIII. Ondine

Scherzando

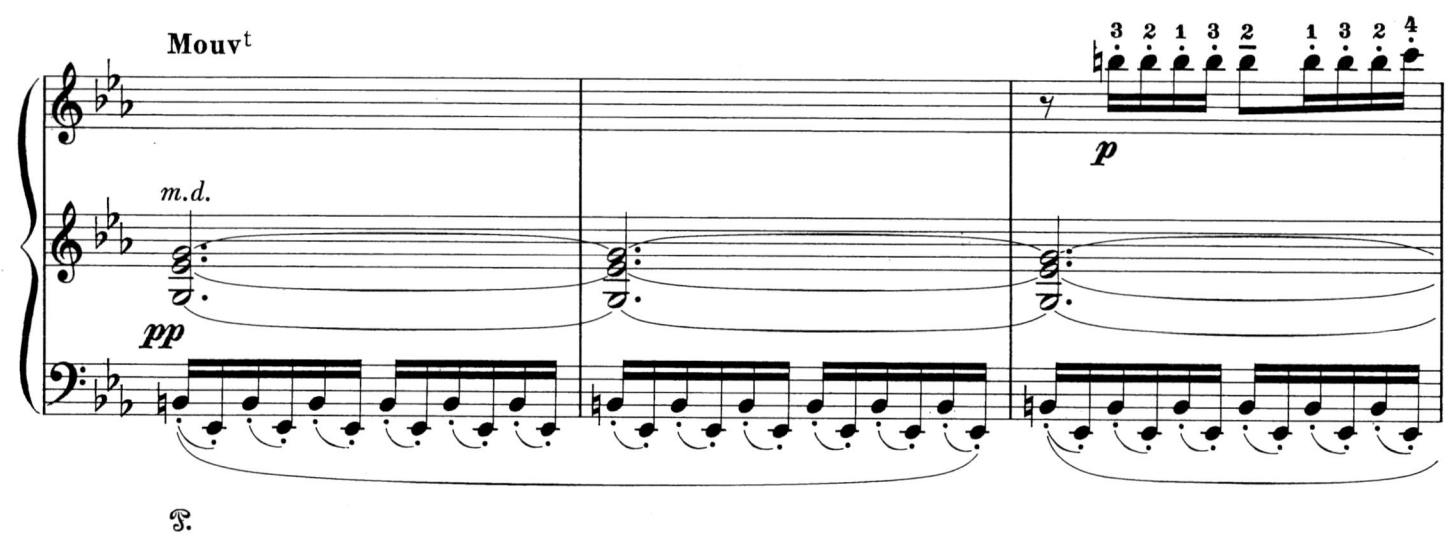

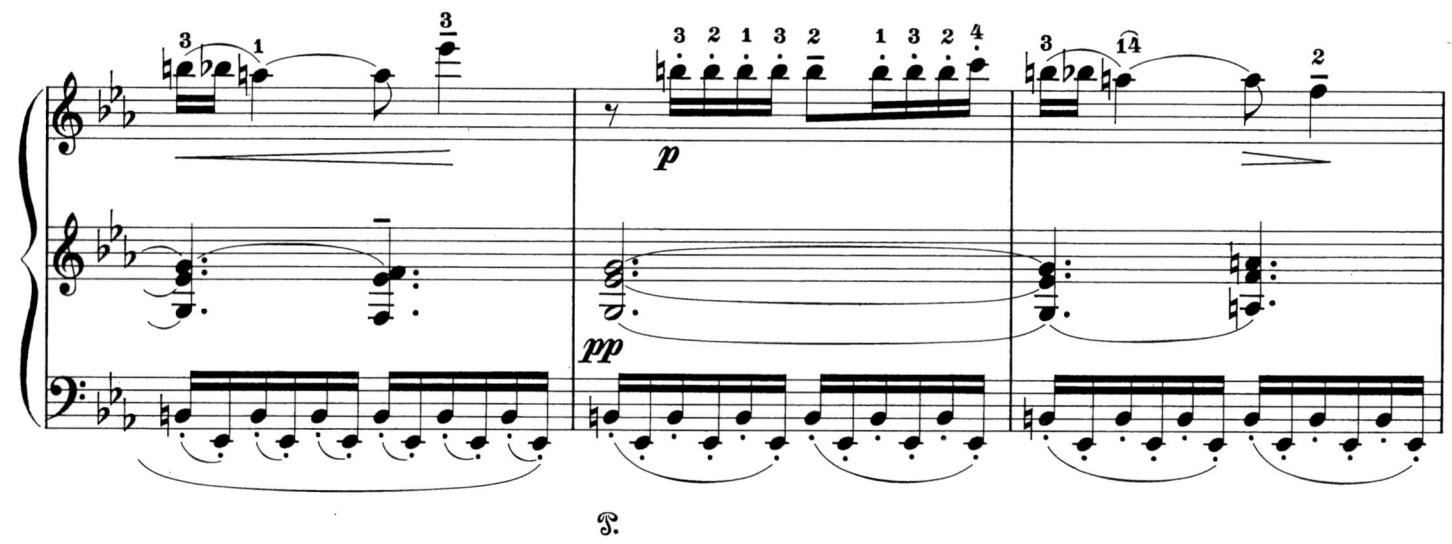

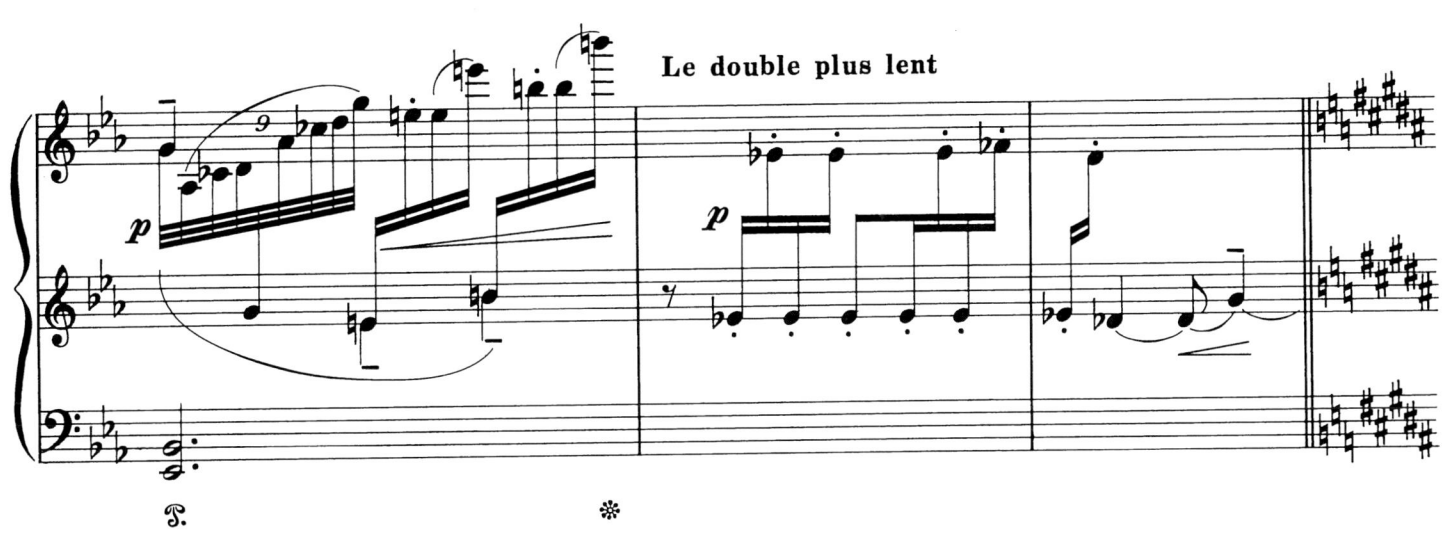

Le double plus lent

Rubato
un peu au-dessous du mouv^t

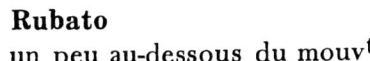

pp murmurando

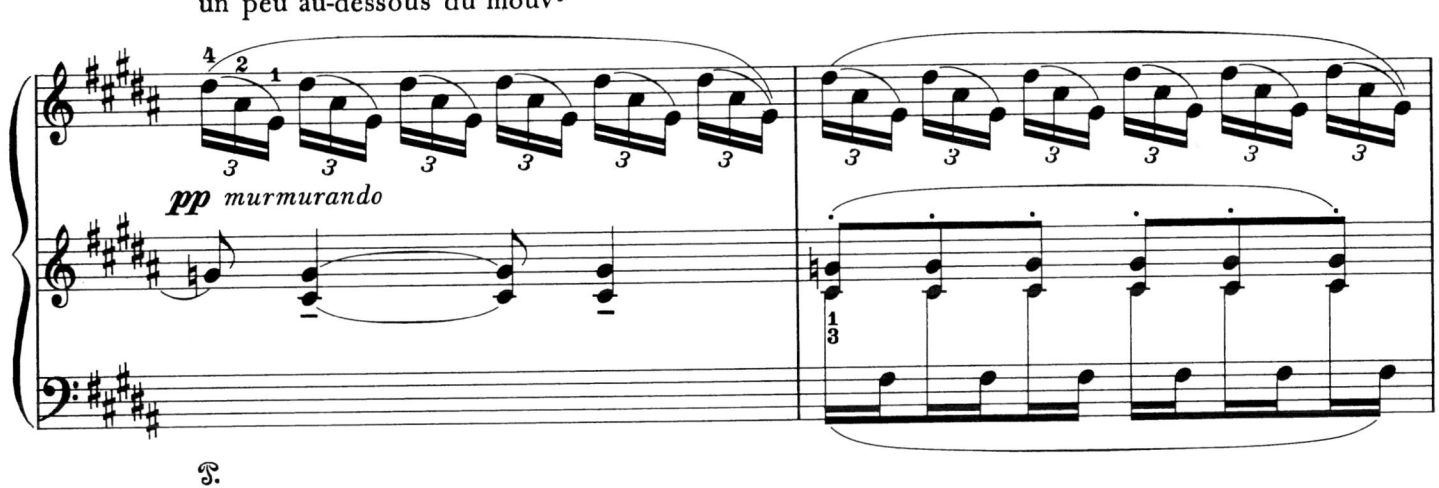

doucement marqué

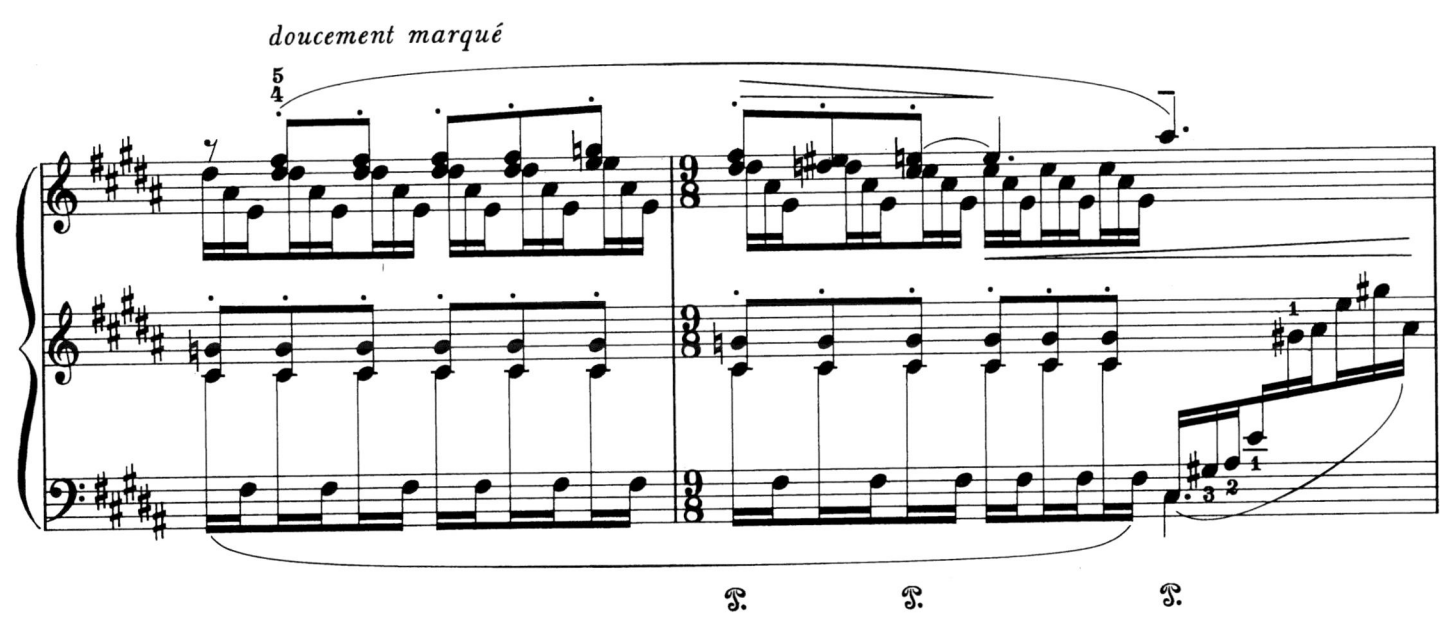

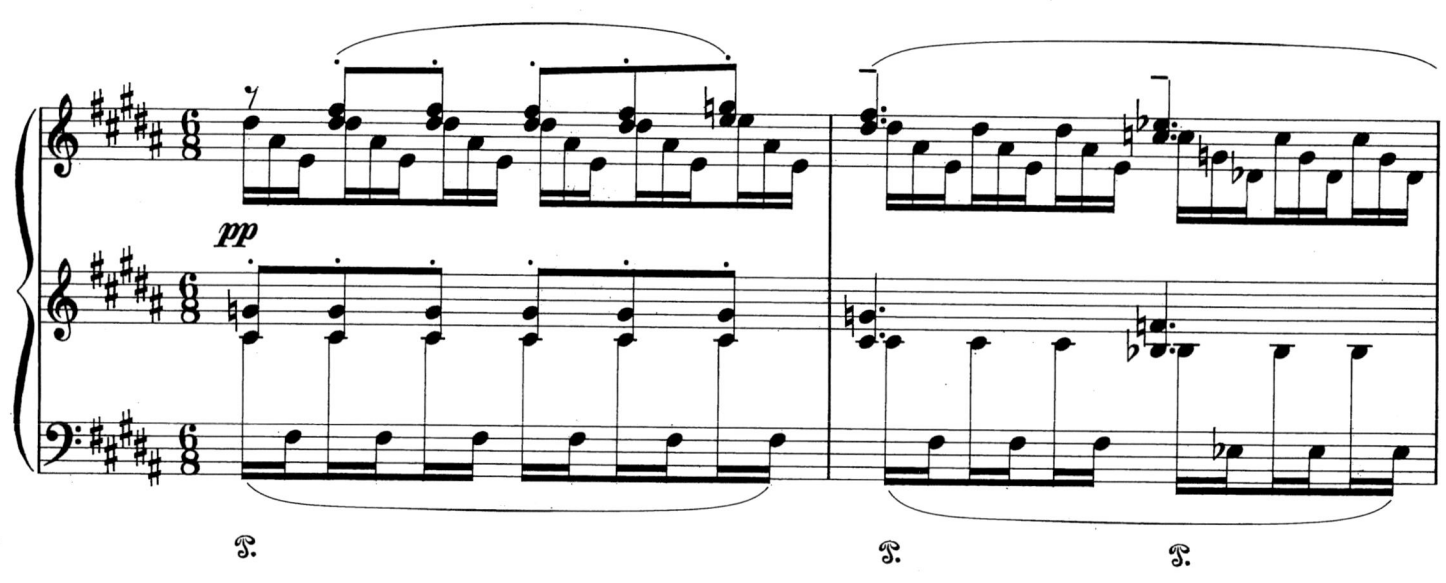

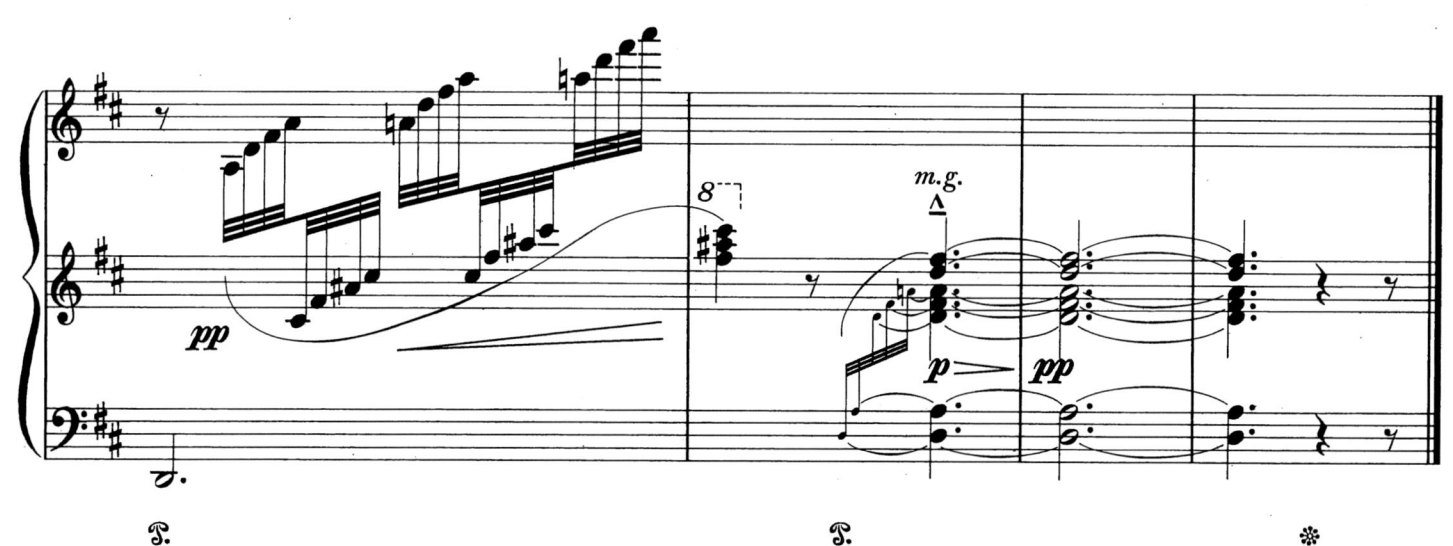

IX. Hommage à S. Pickwick Esq. P.P.M.P.C.

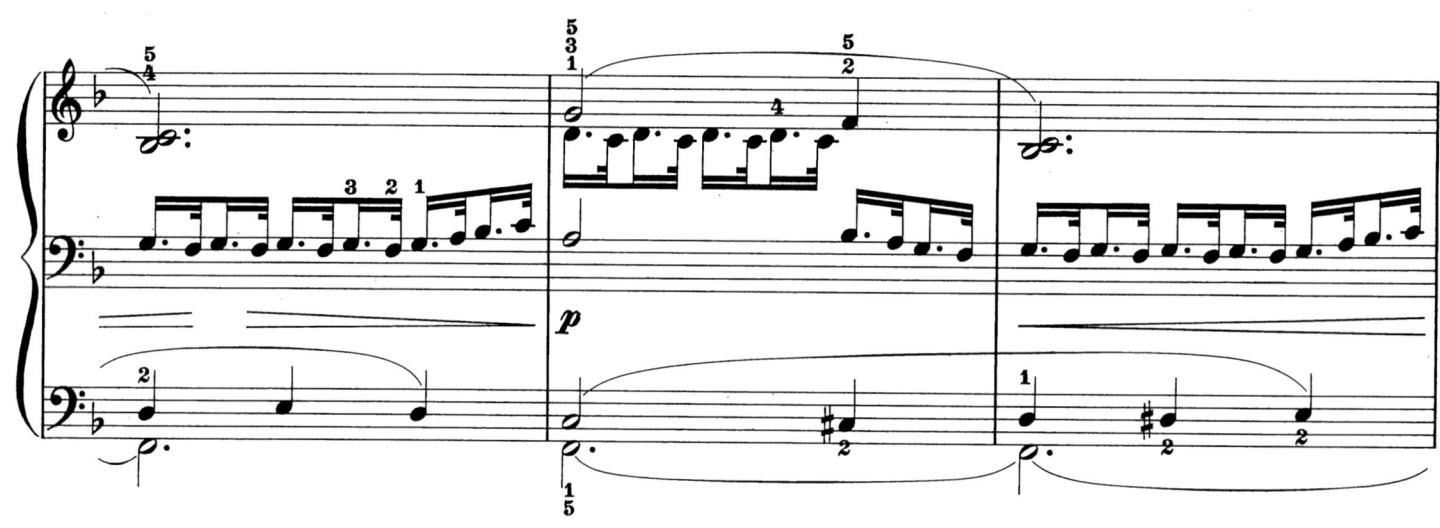

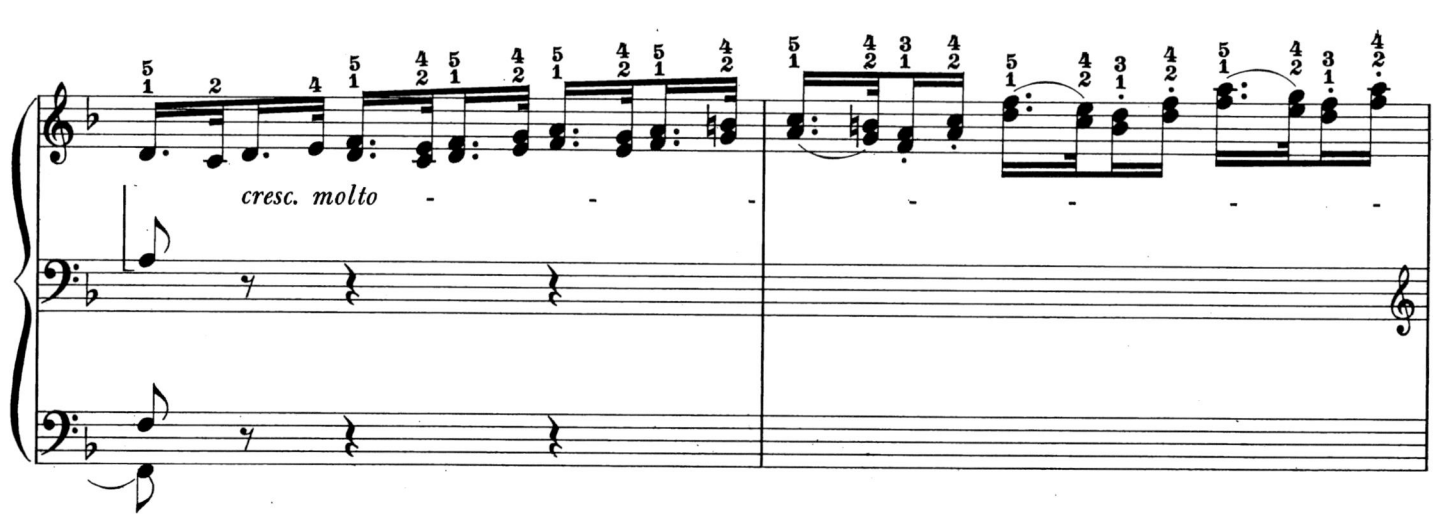

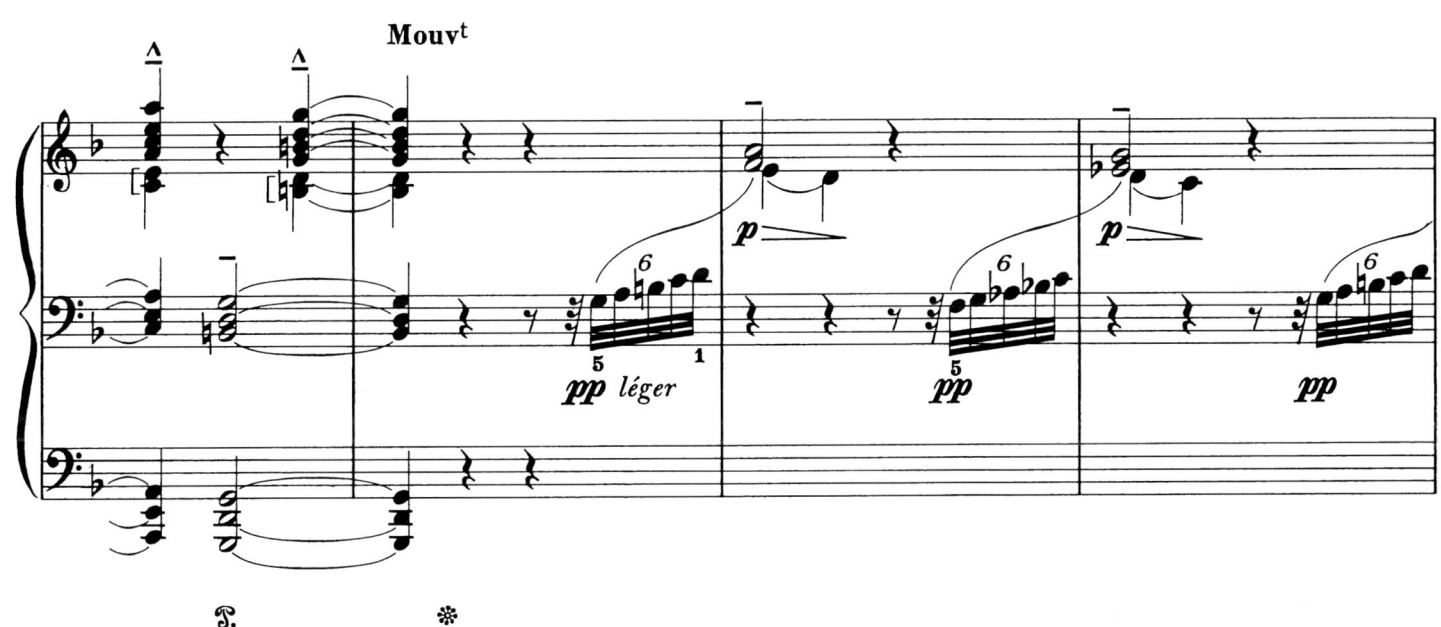

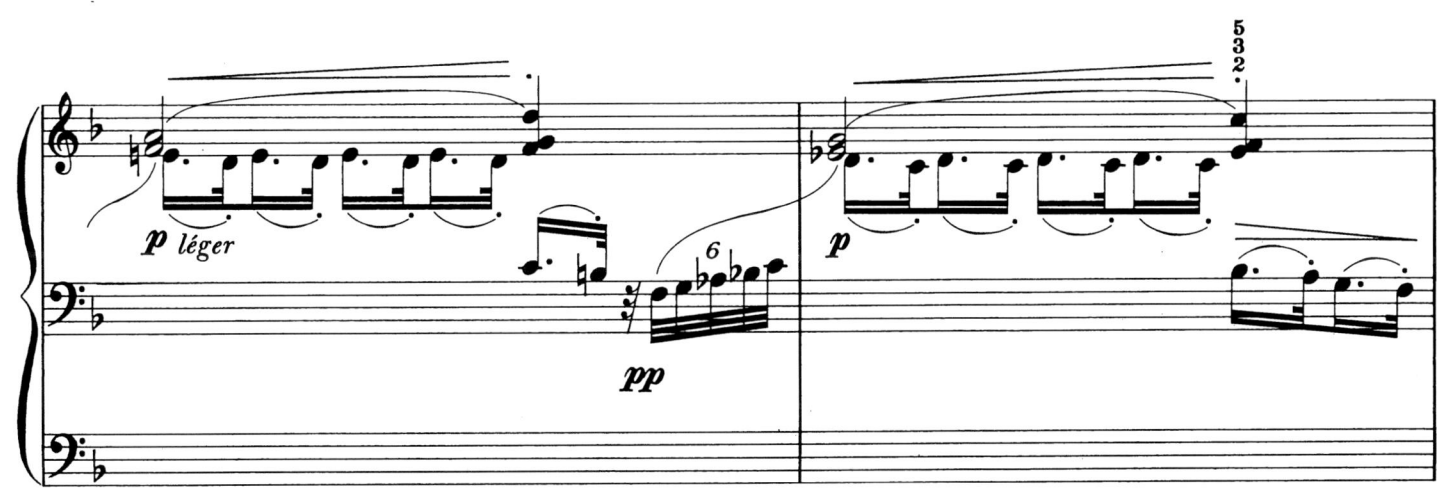

X. Canope

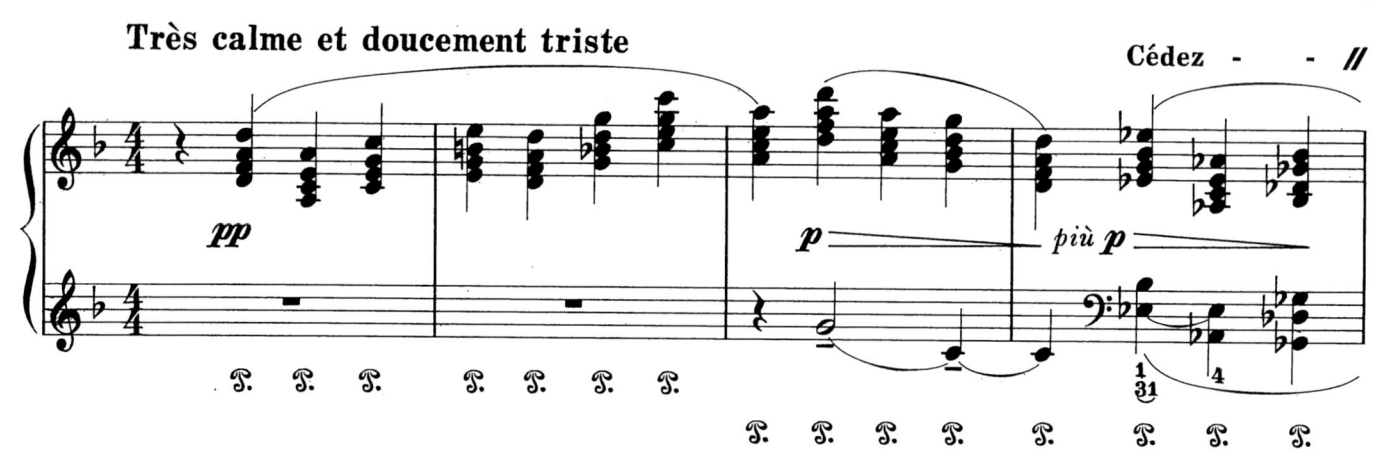

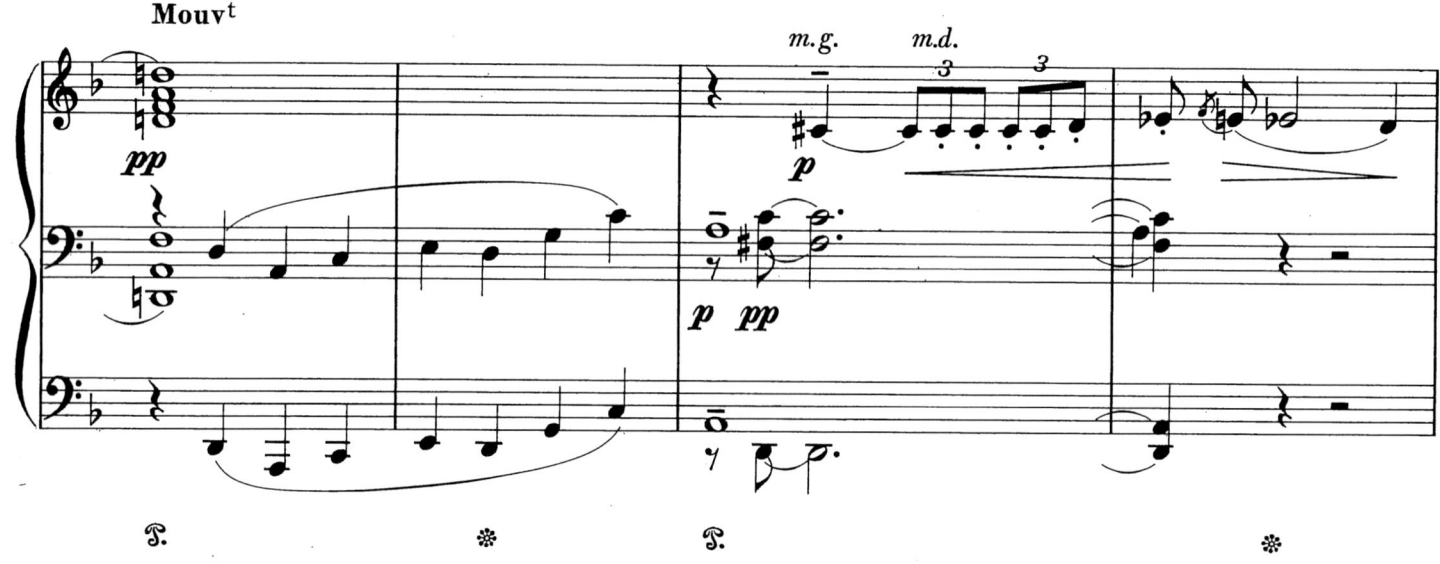

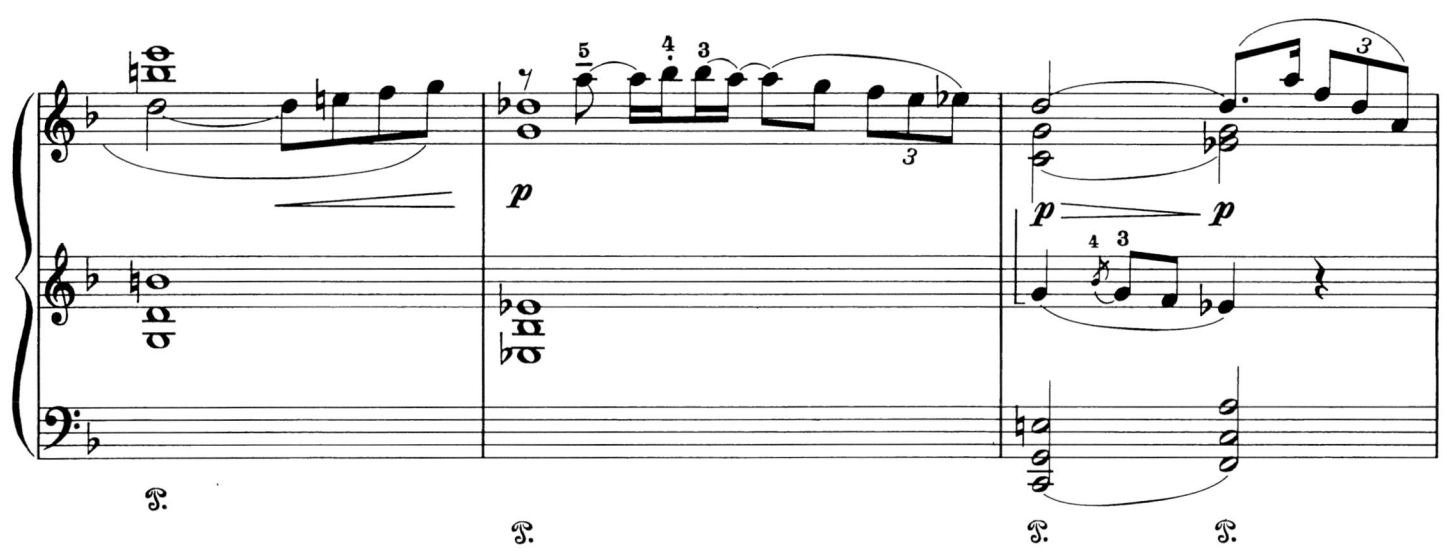

Animez un peu

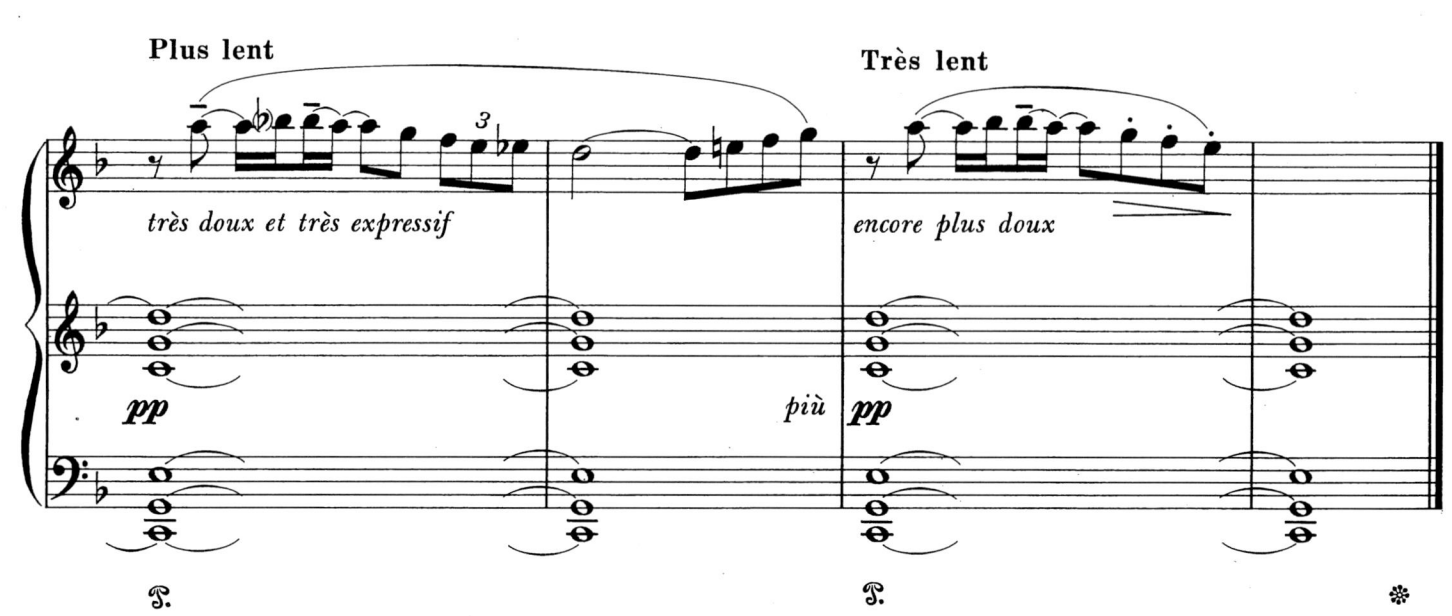

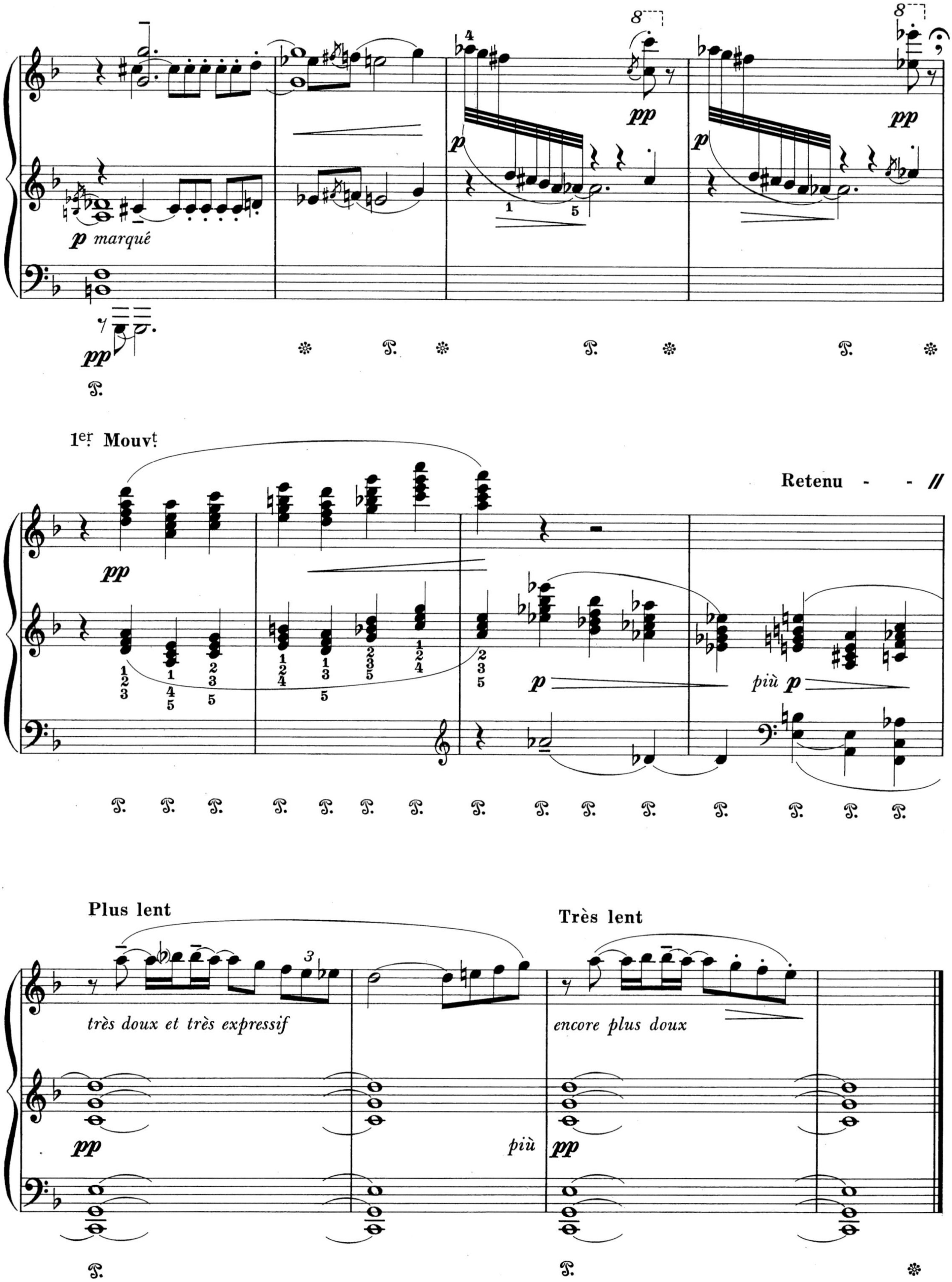
p marqué
1er Mouvt
Retenu
più p
Plus lent
très doux et très expressif
Très lent
encore plus doux
più pp

XI. Les tierces alternées

Modérément animé

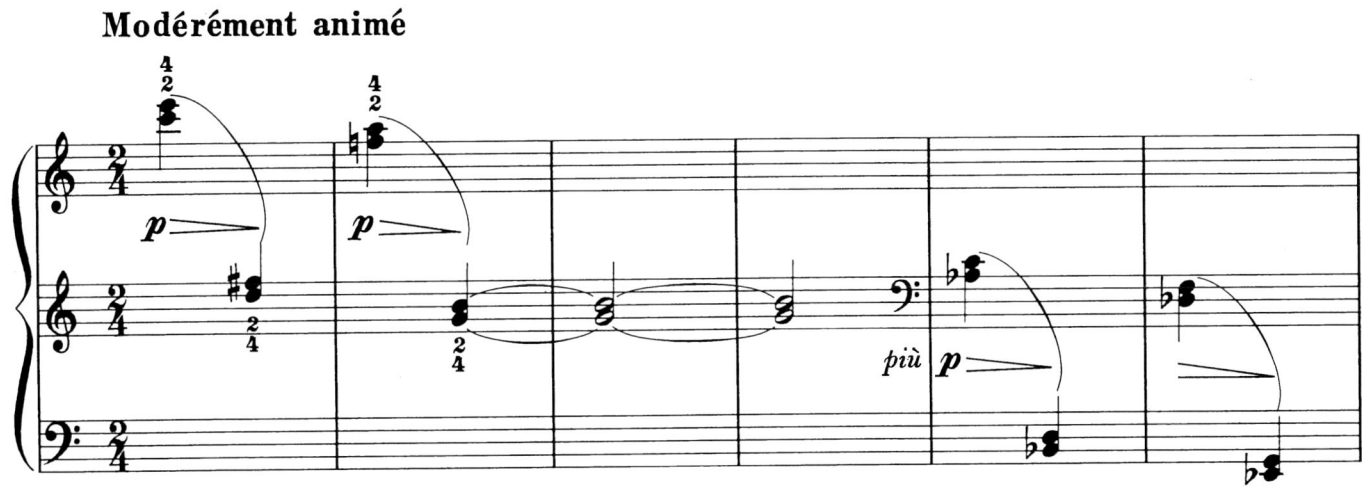

Cédez - - - - // **Un peu plus animé**
légèrement détaché sans sécheresse;
les notes marquées du signe_ doucement timbrées.

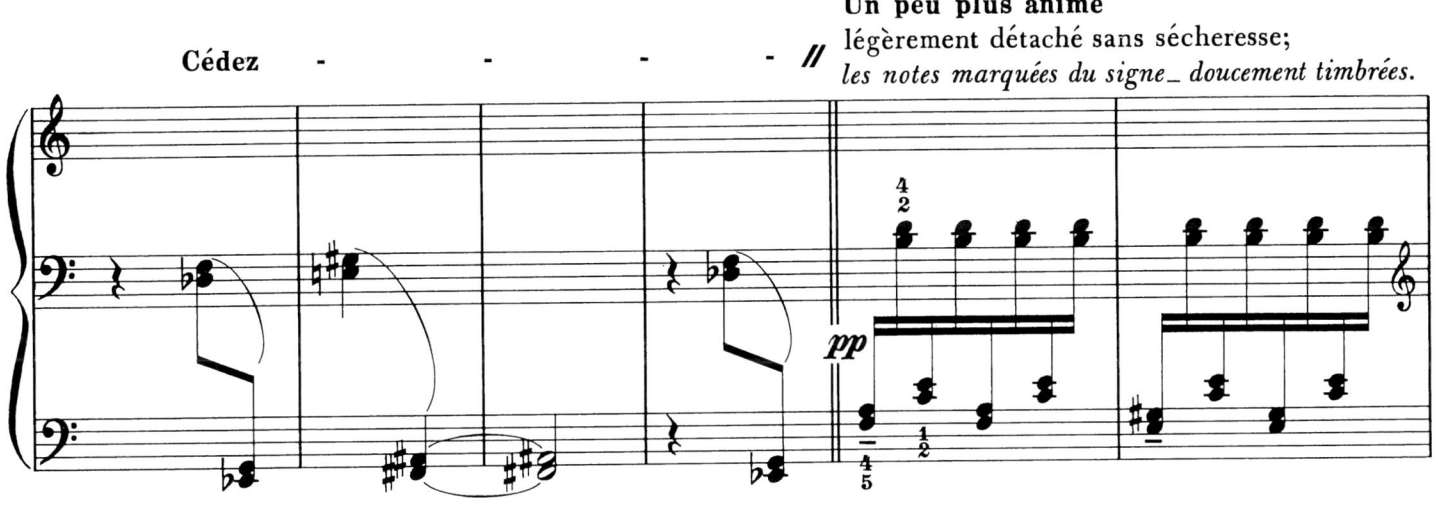

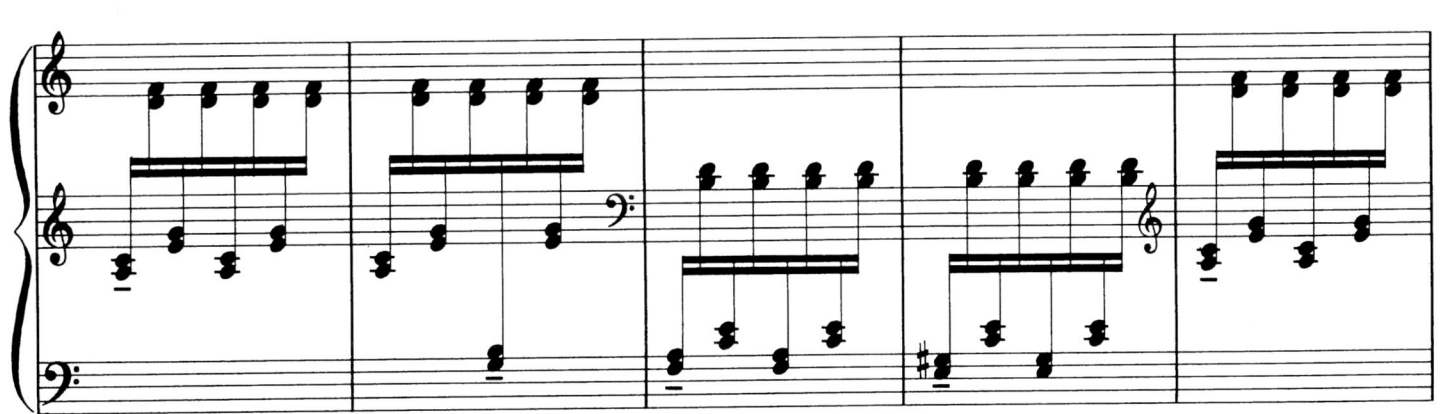

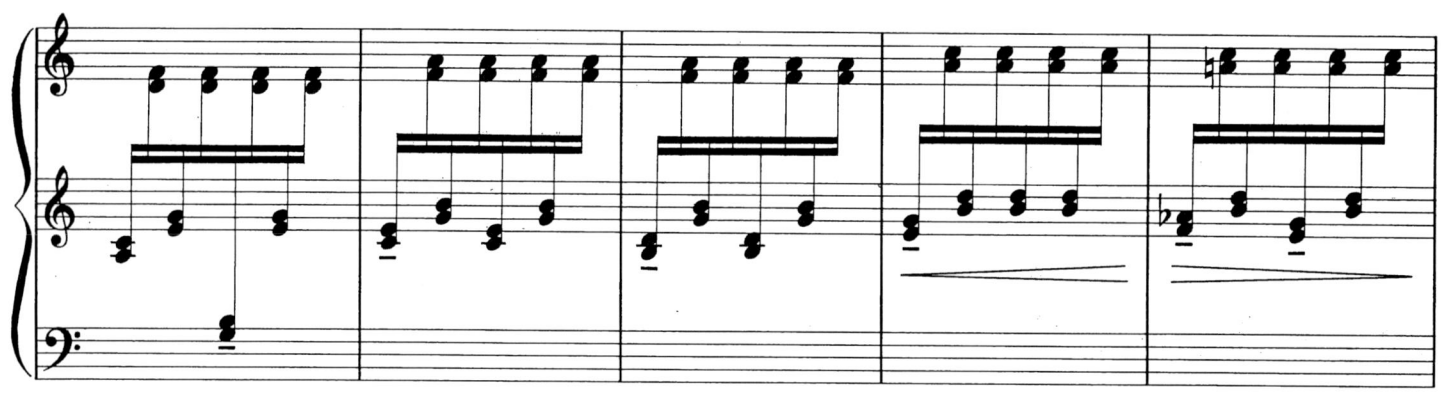

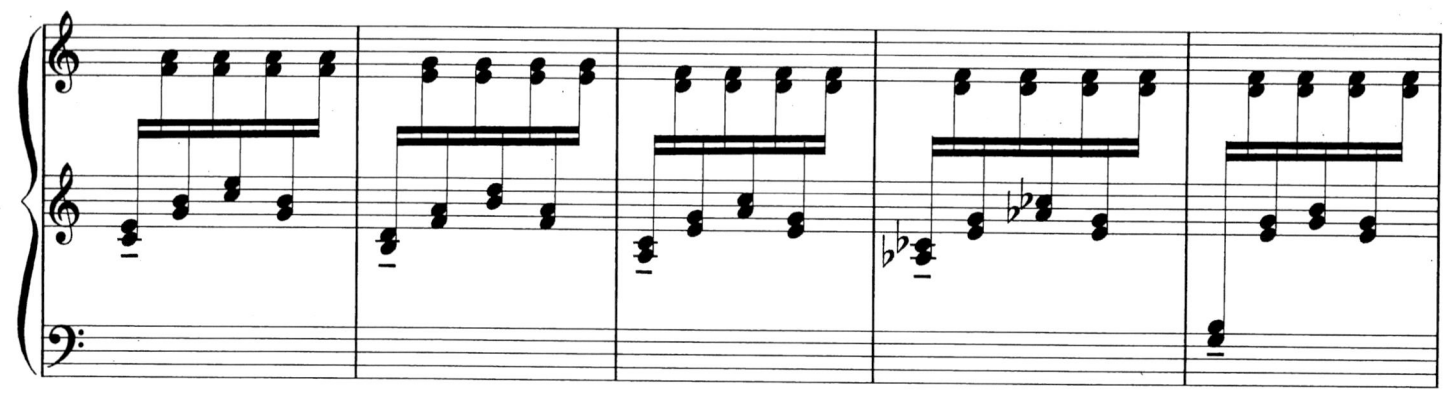

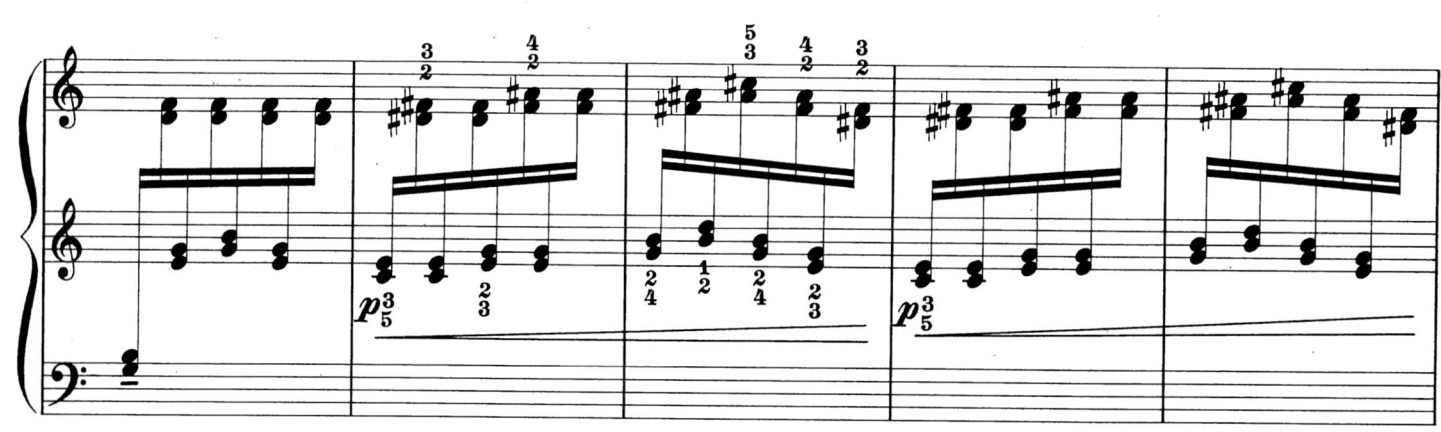

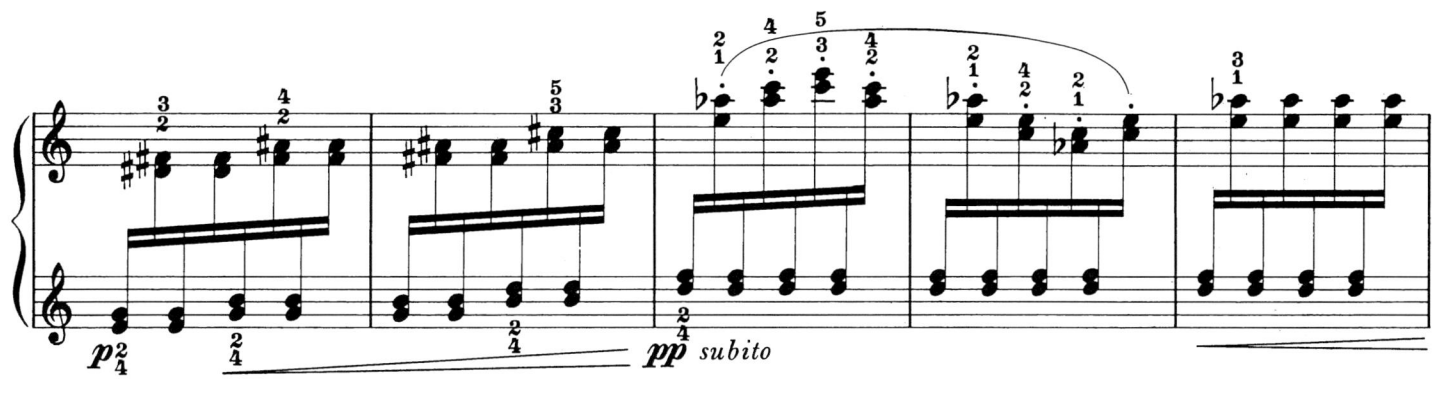

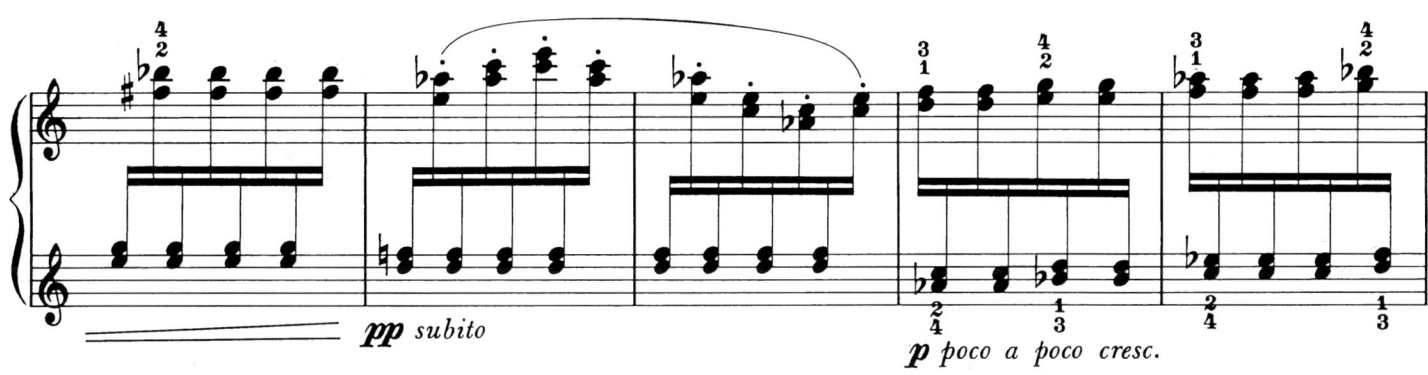

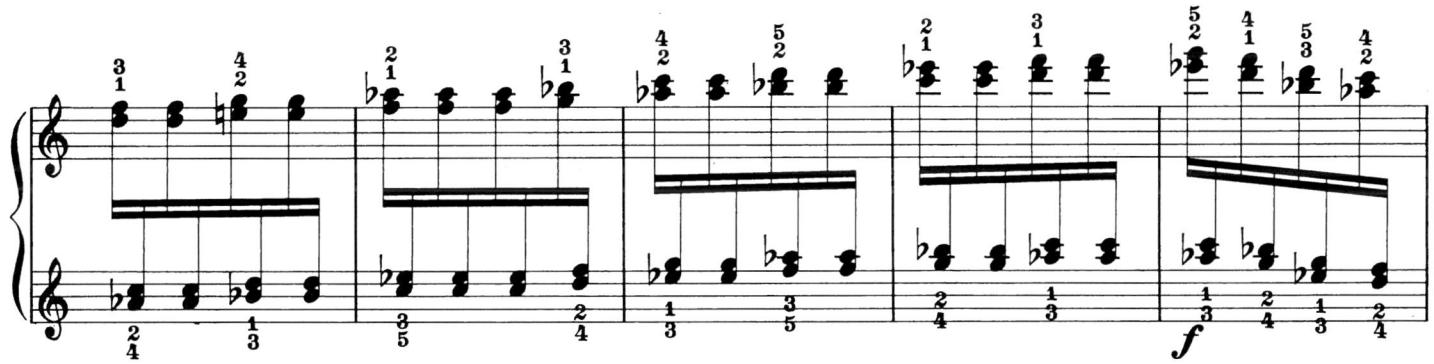

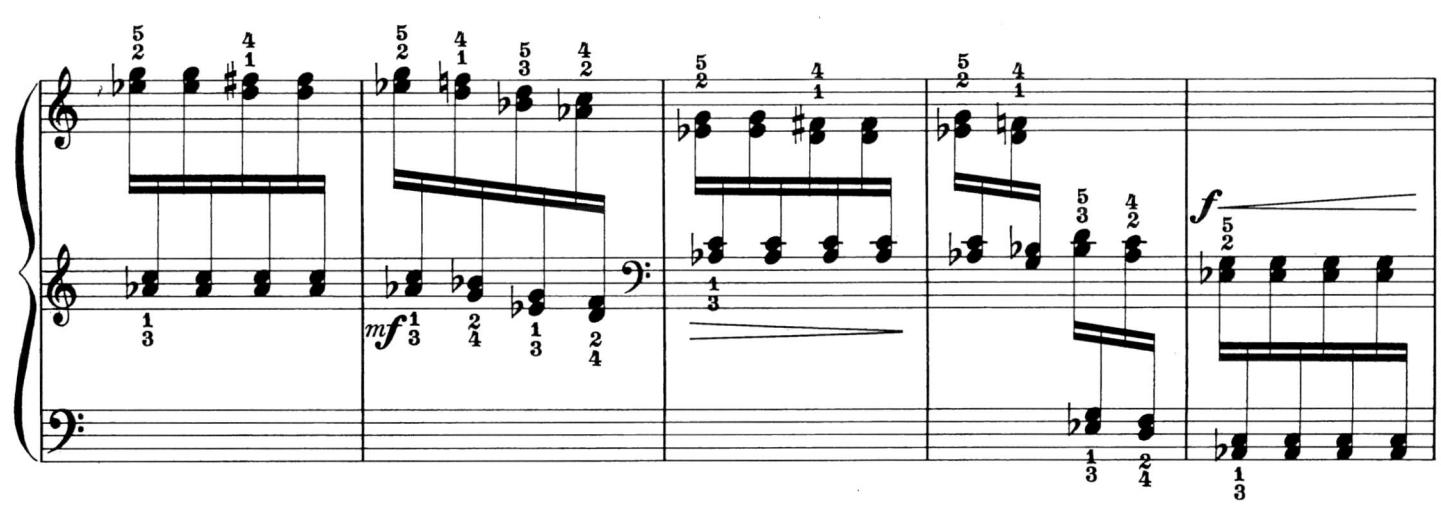

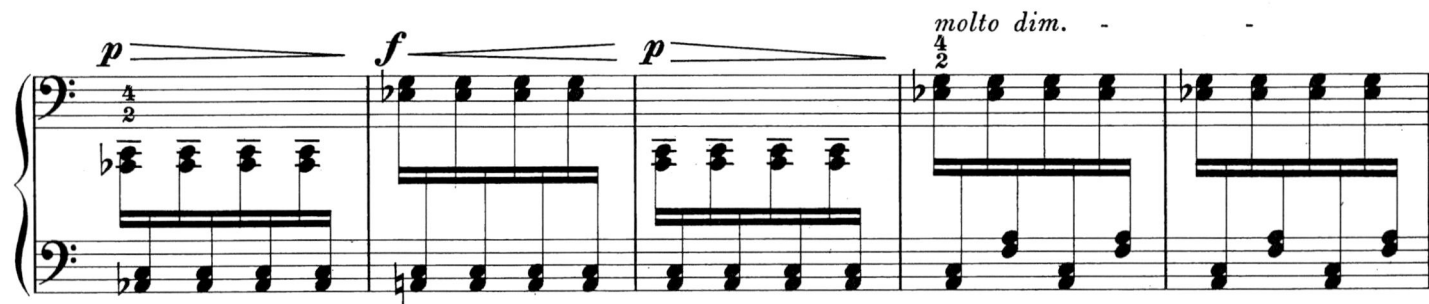

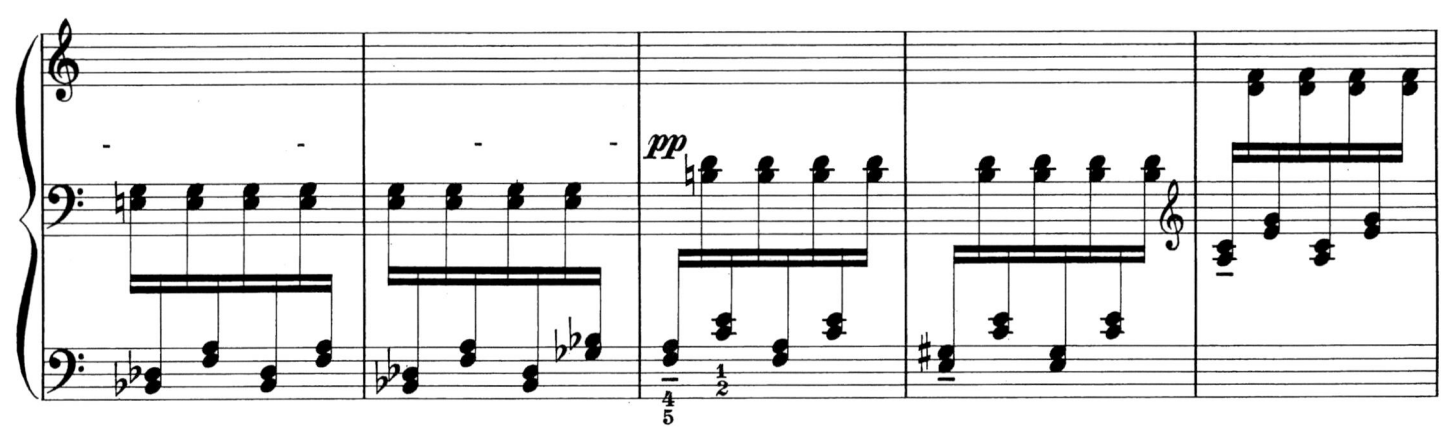

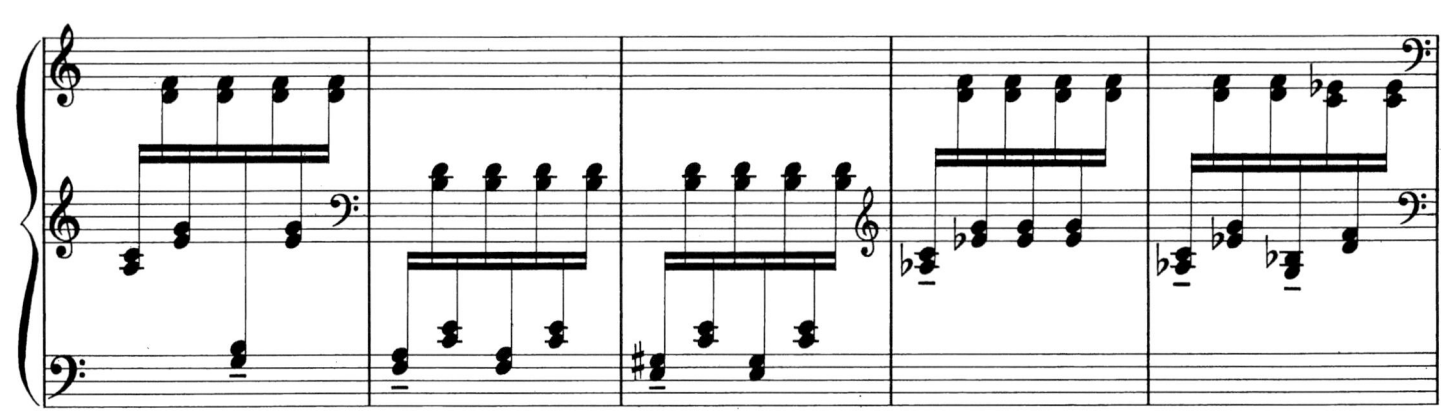

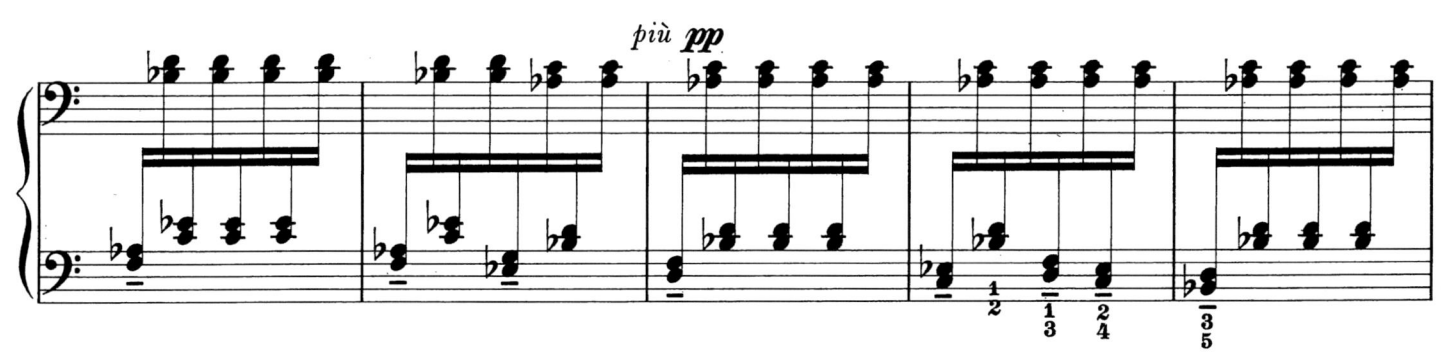

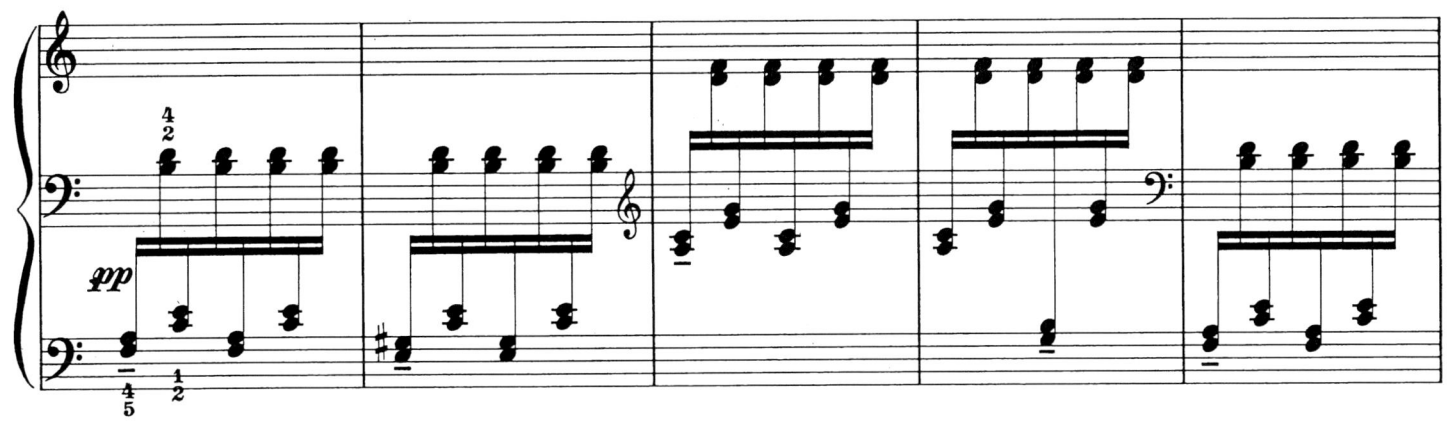

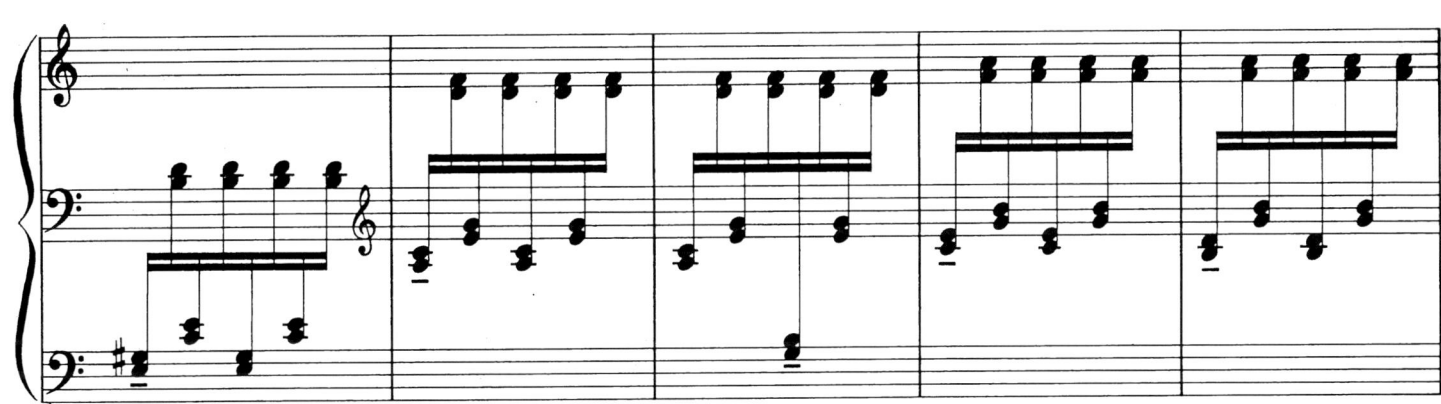

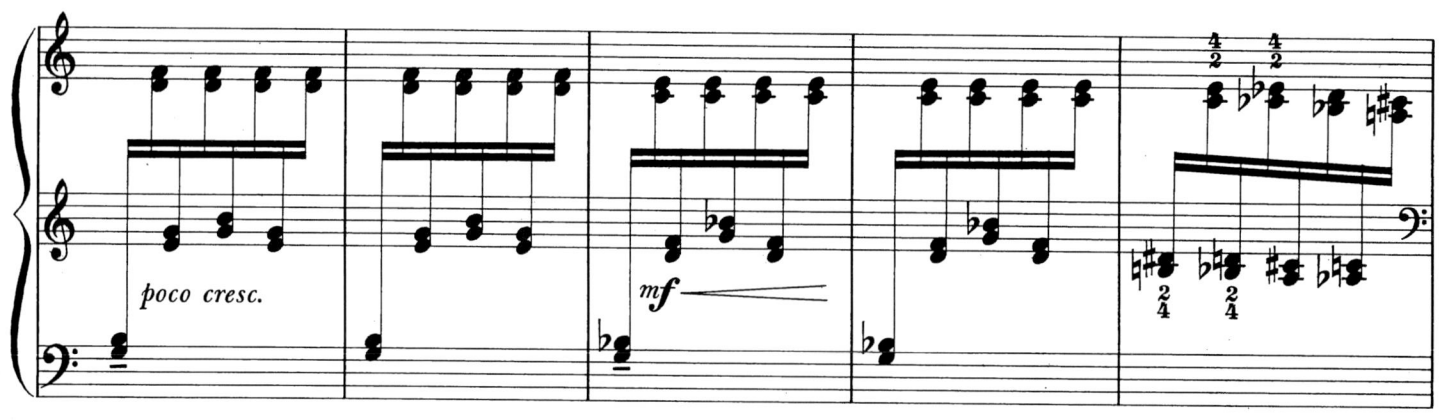

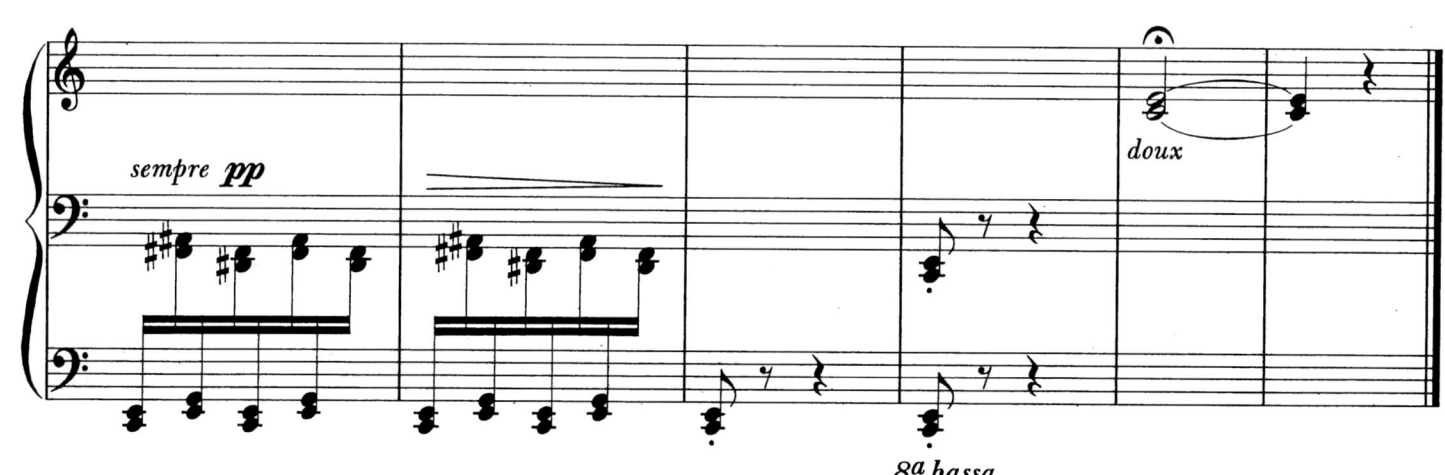

XII. Feux d'Artifice

Modérément animé

léger, égal et lointain

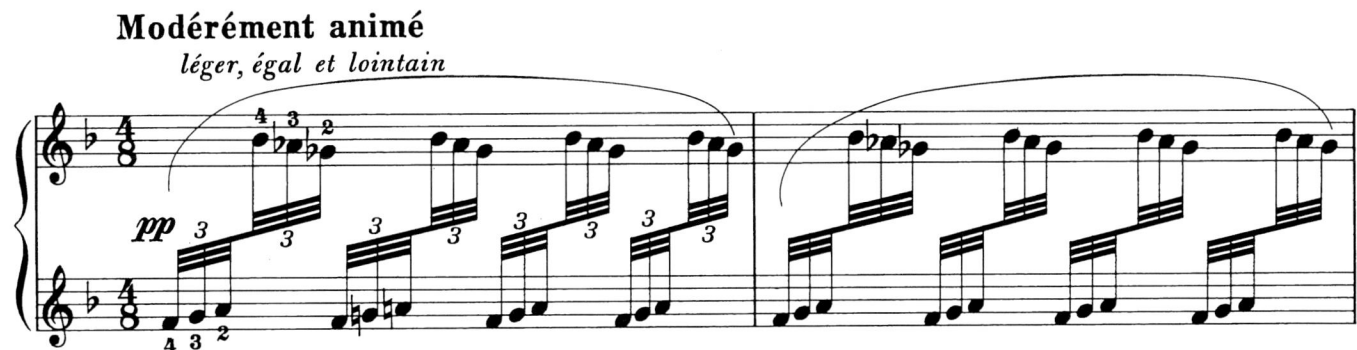

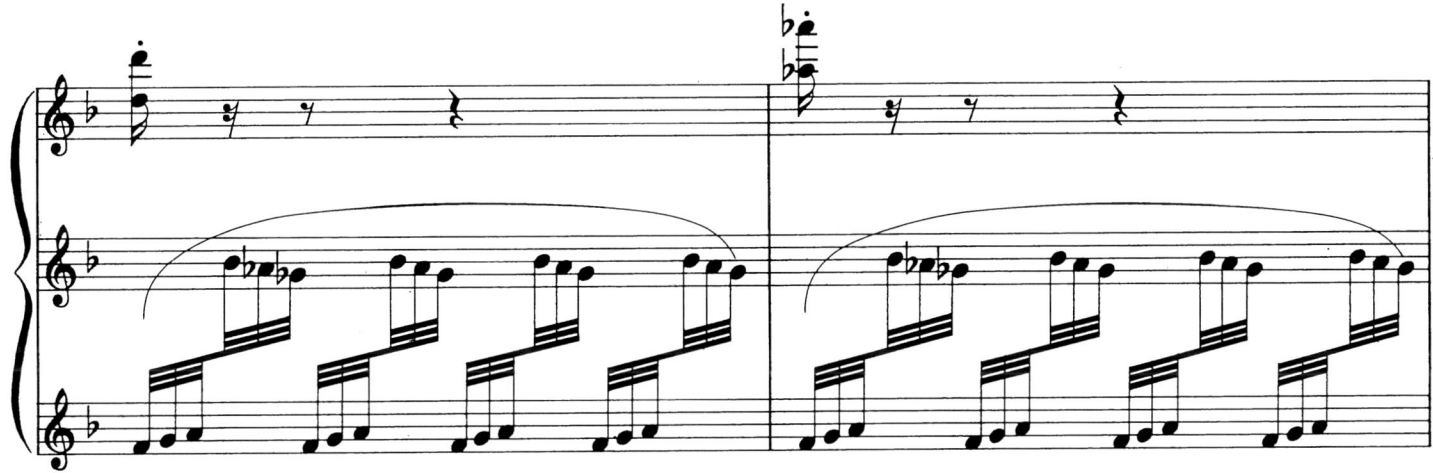

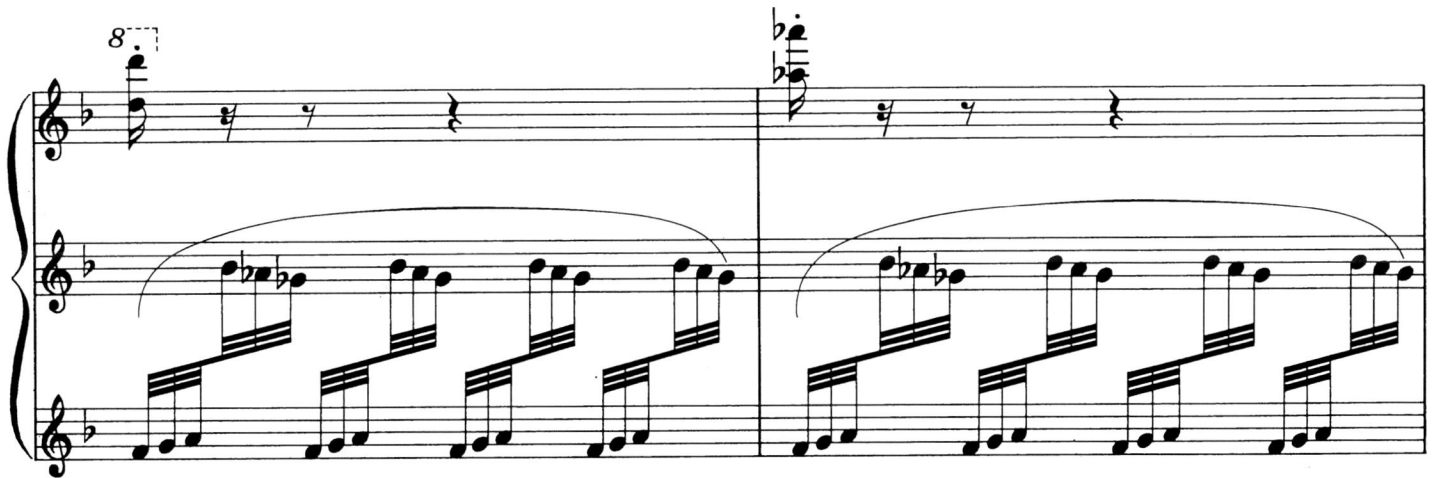

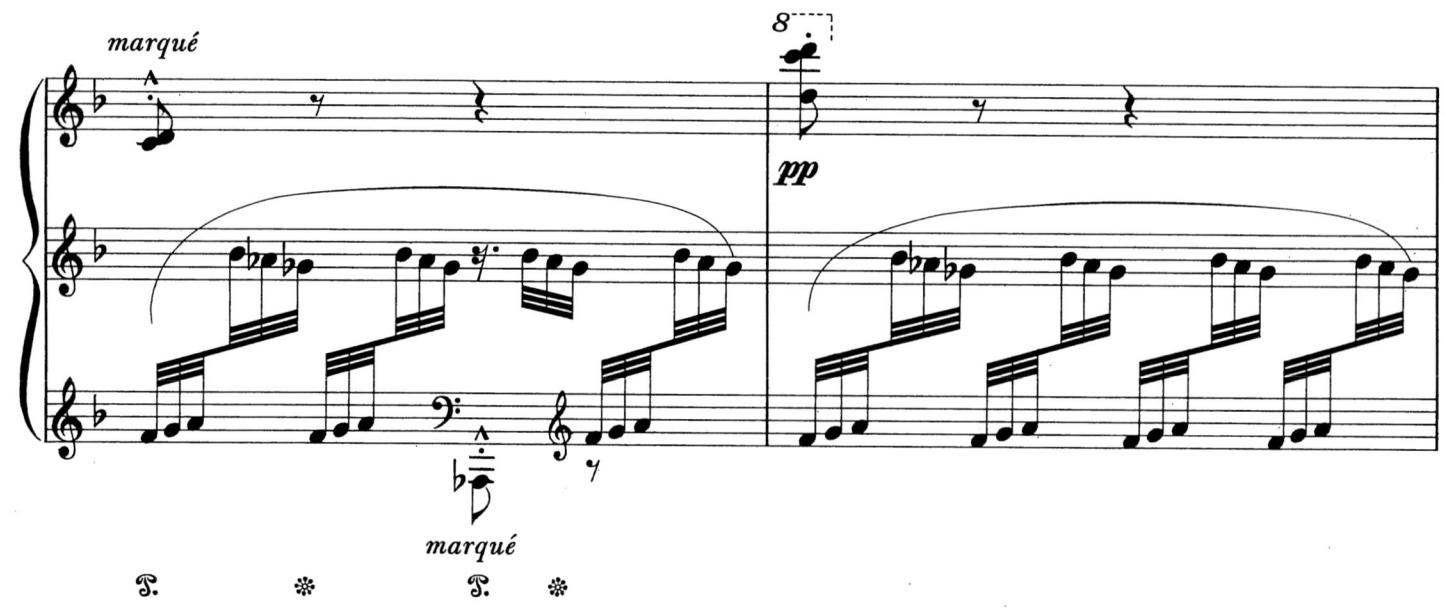

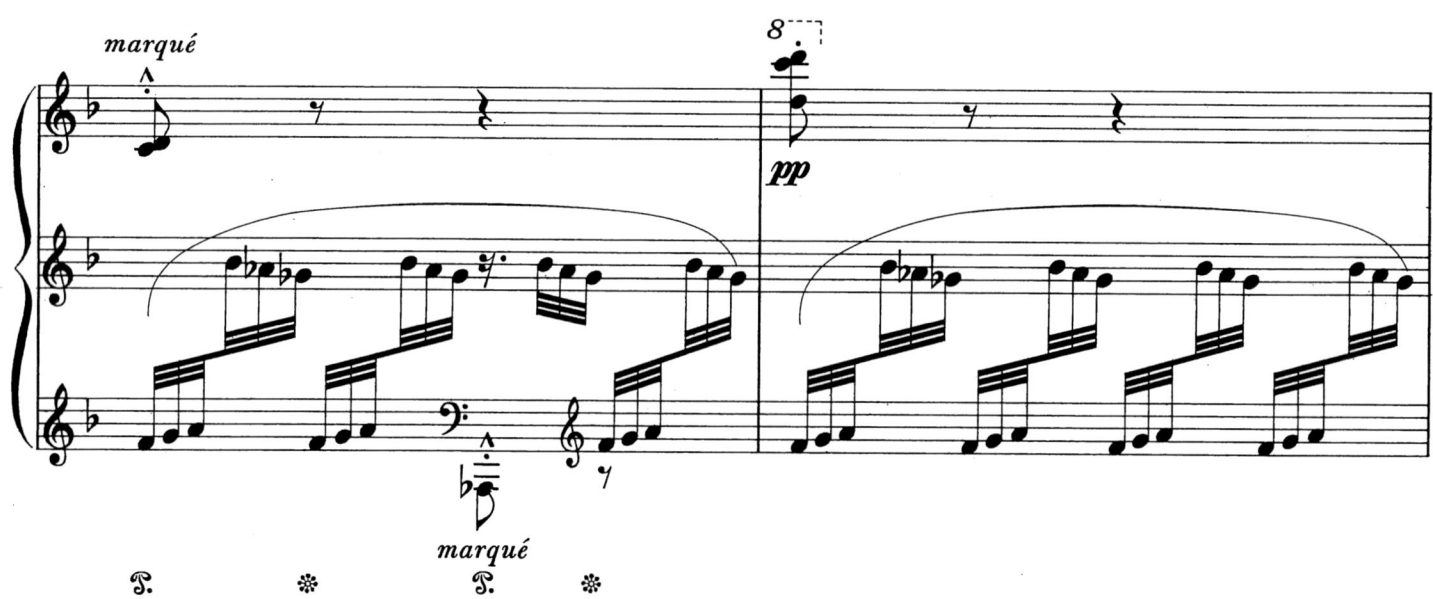

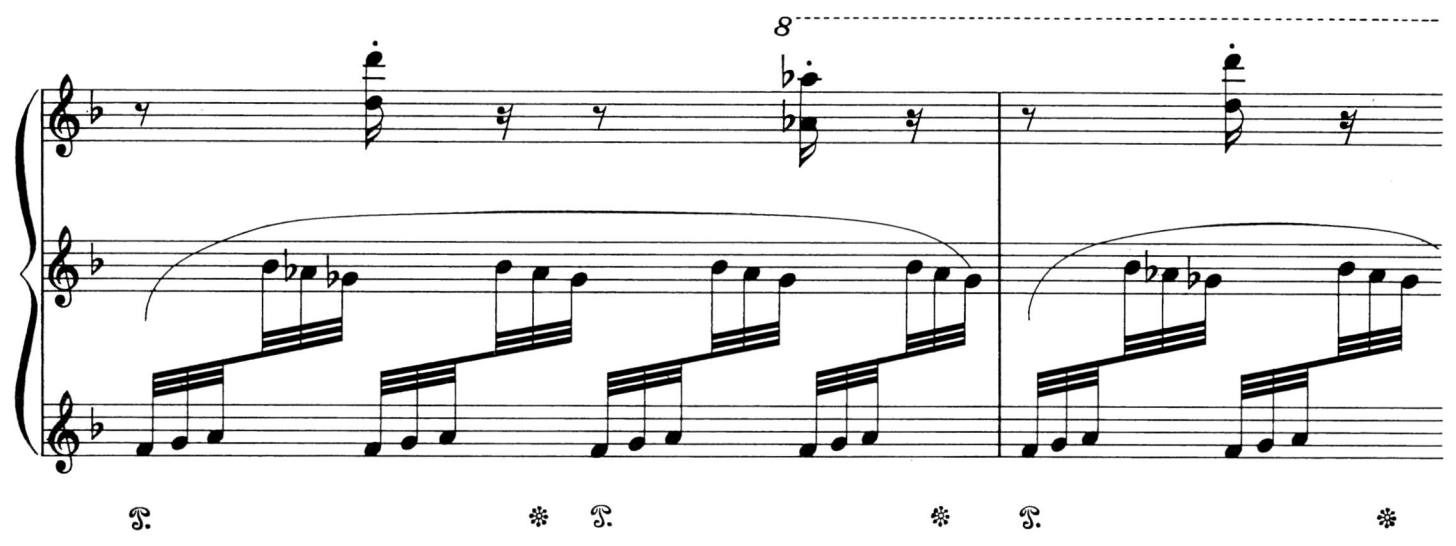

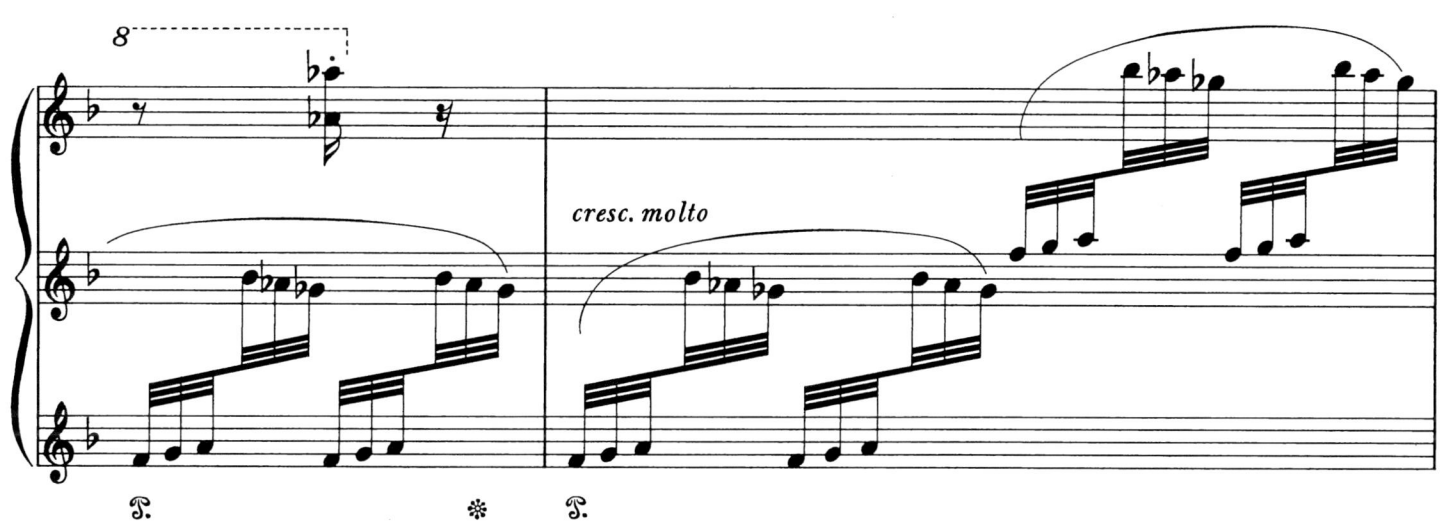

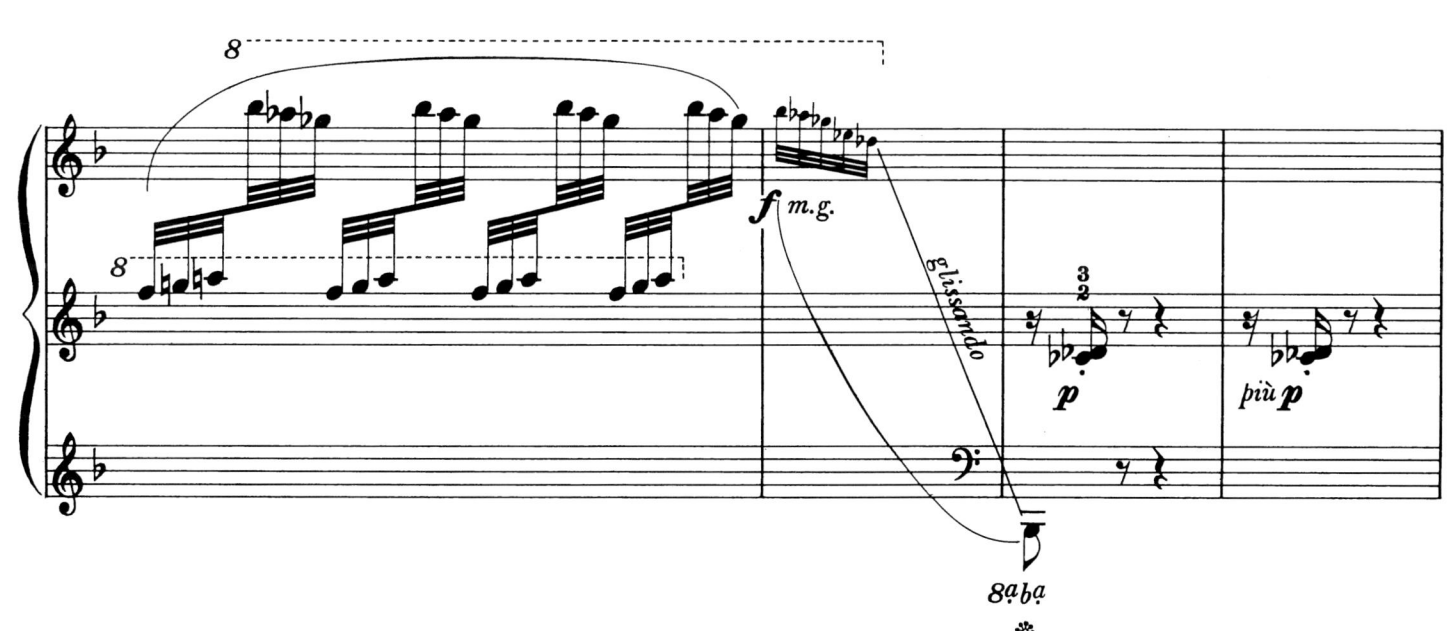

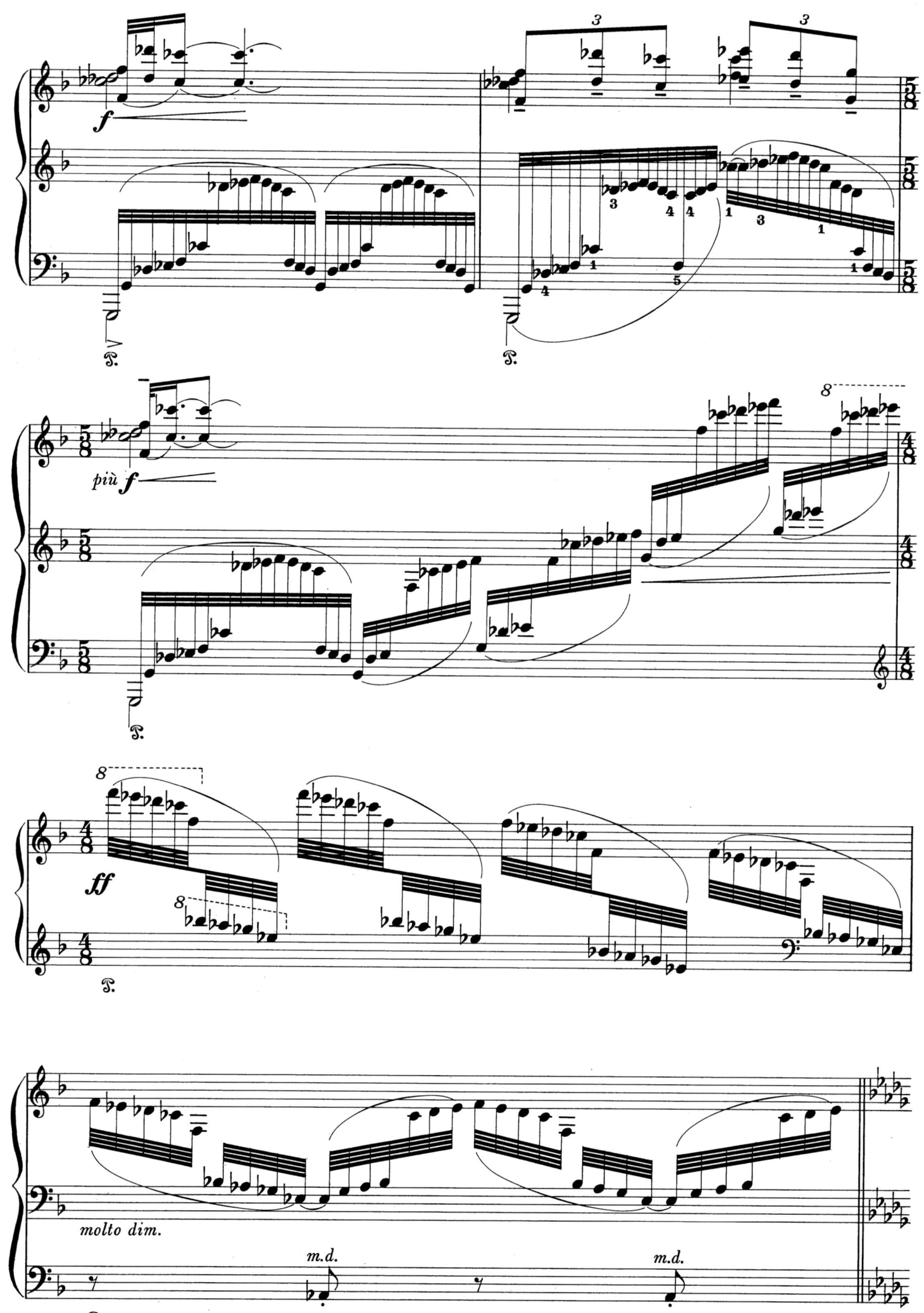

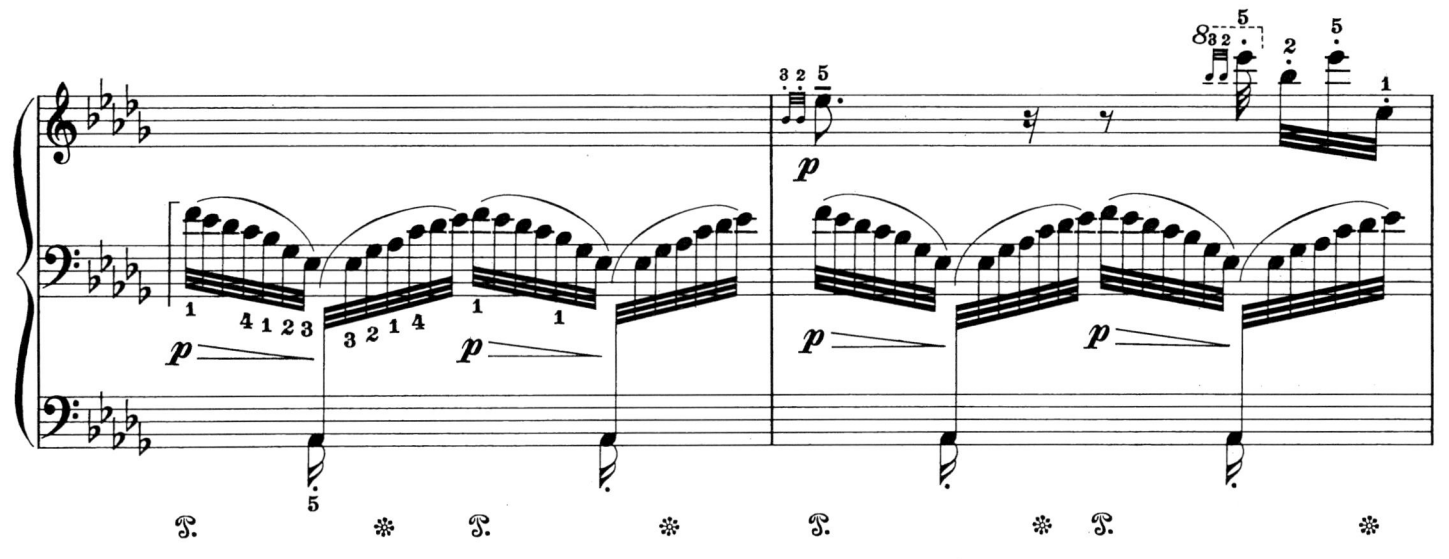

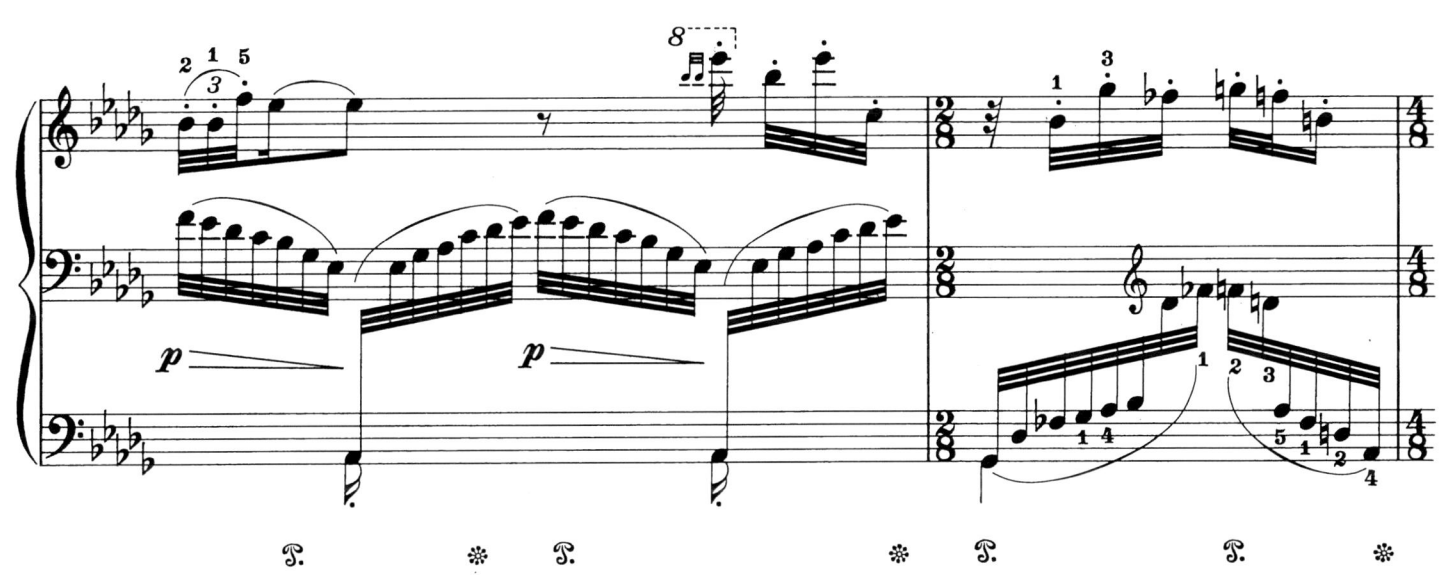

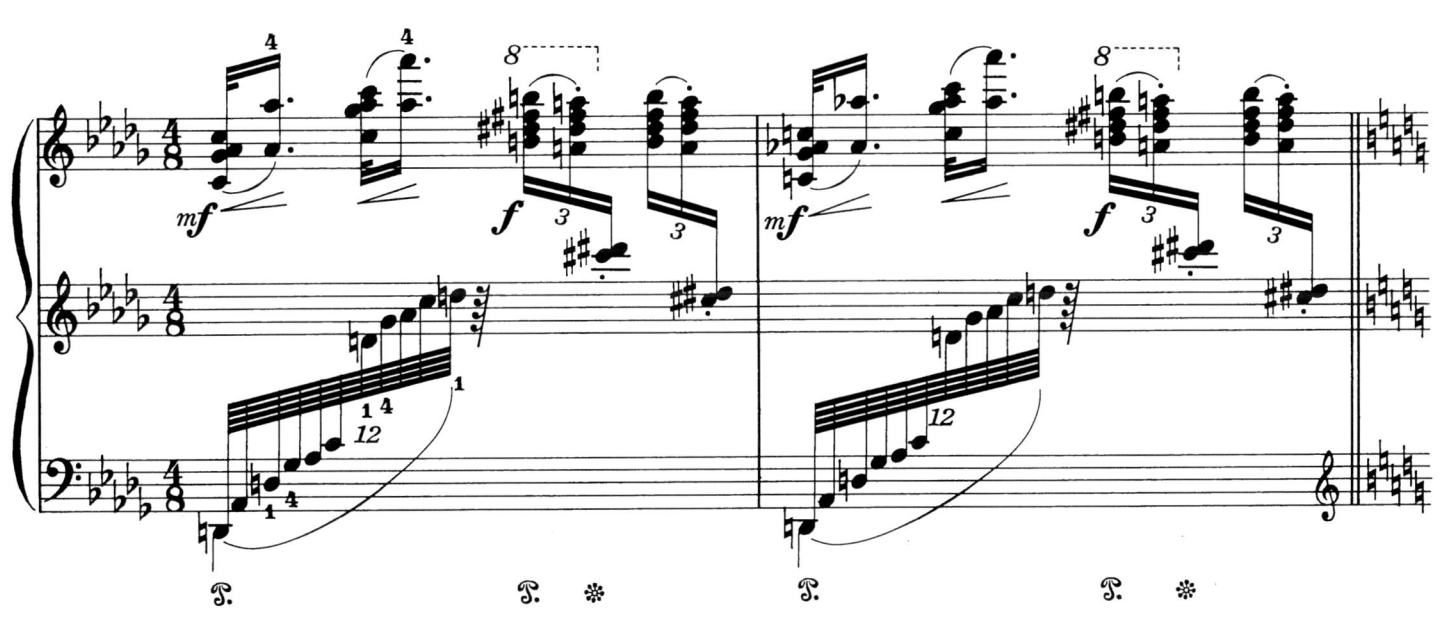

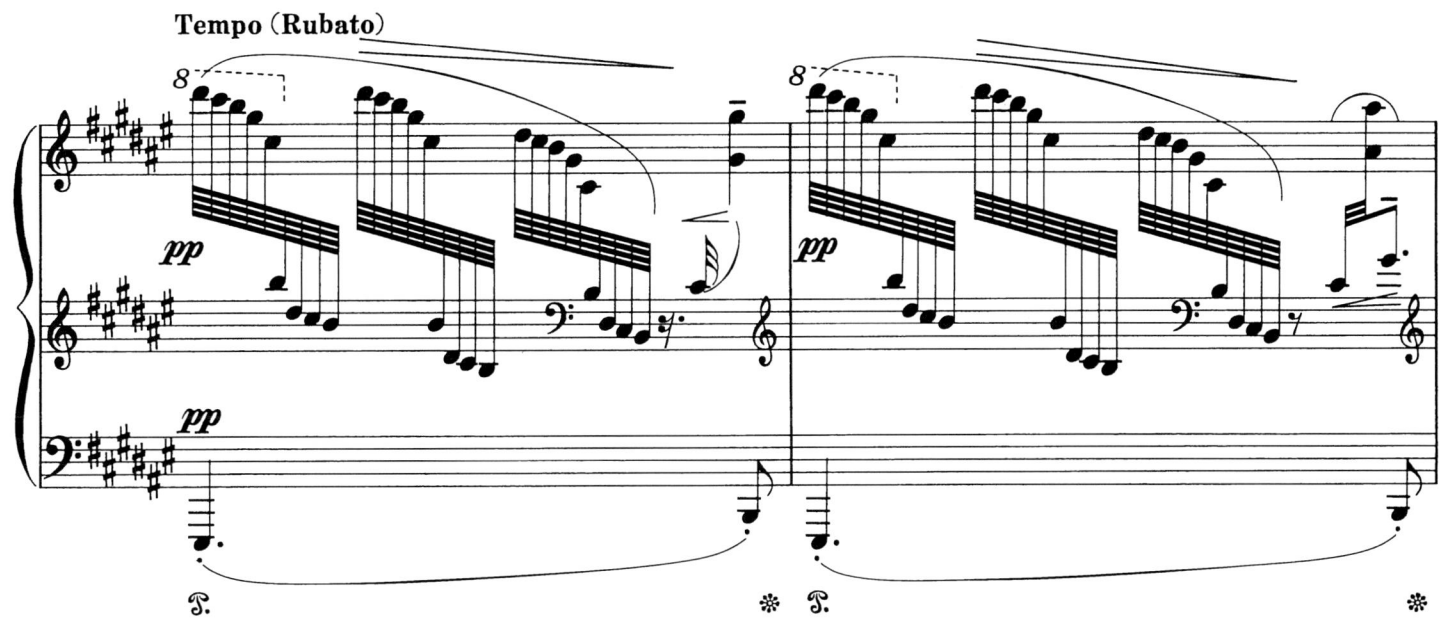

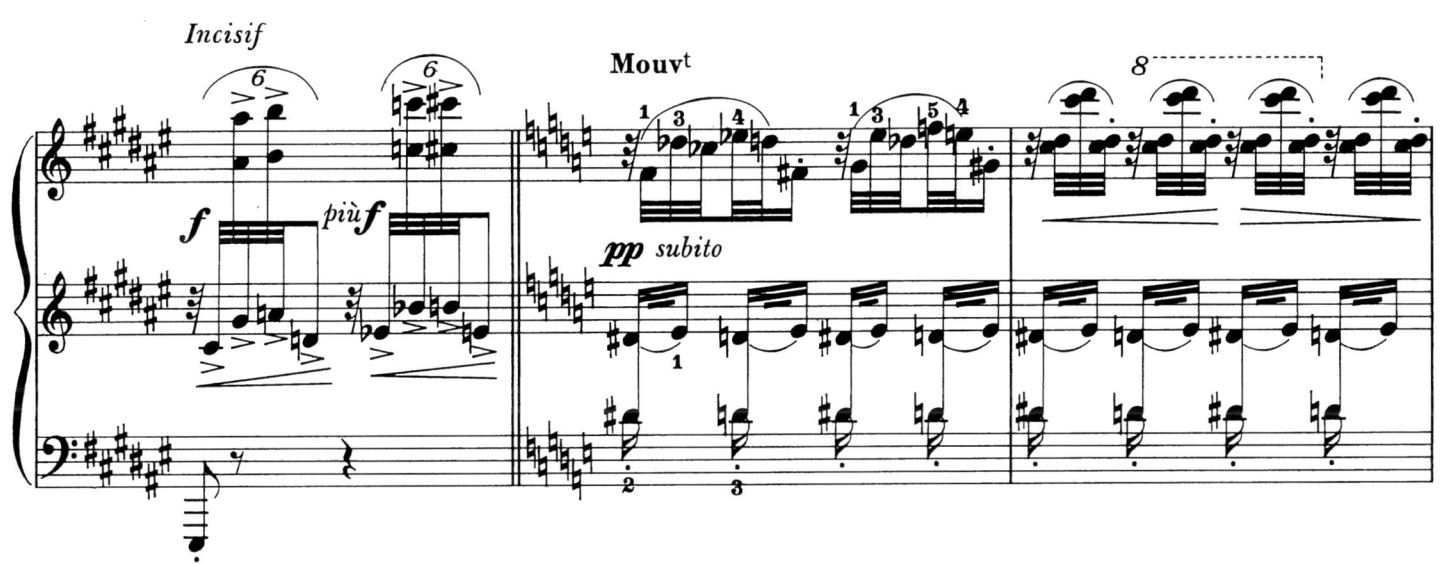

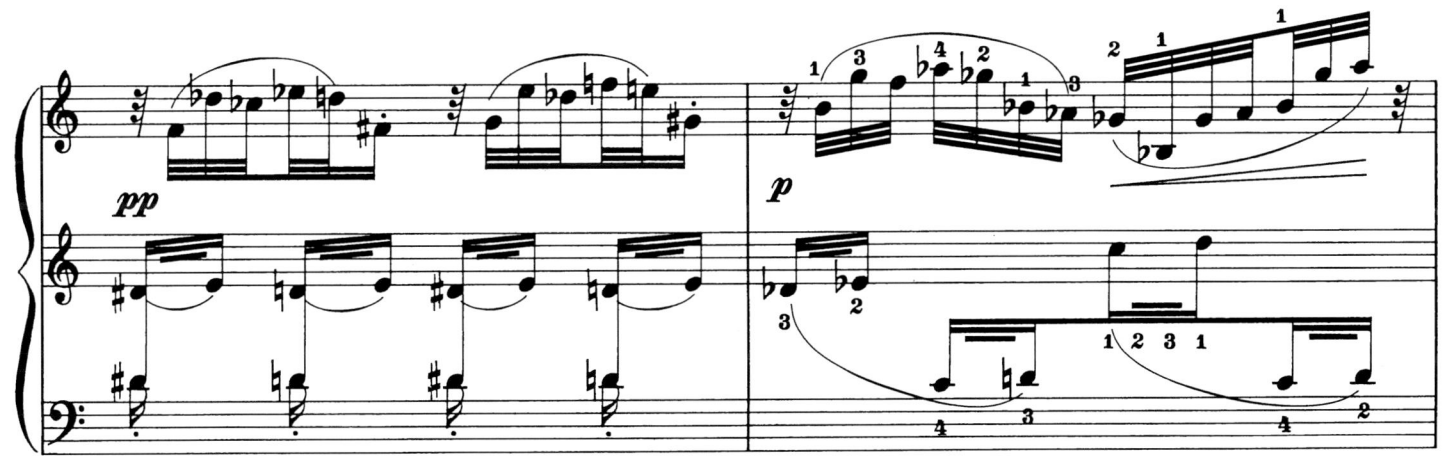

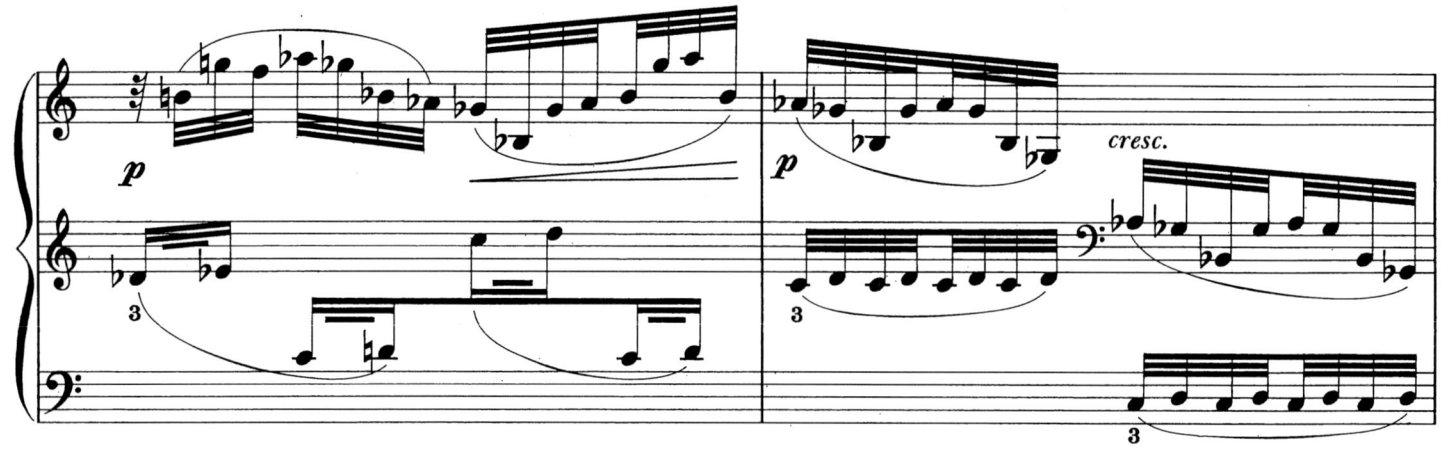

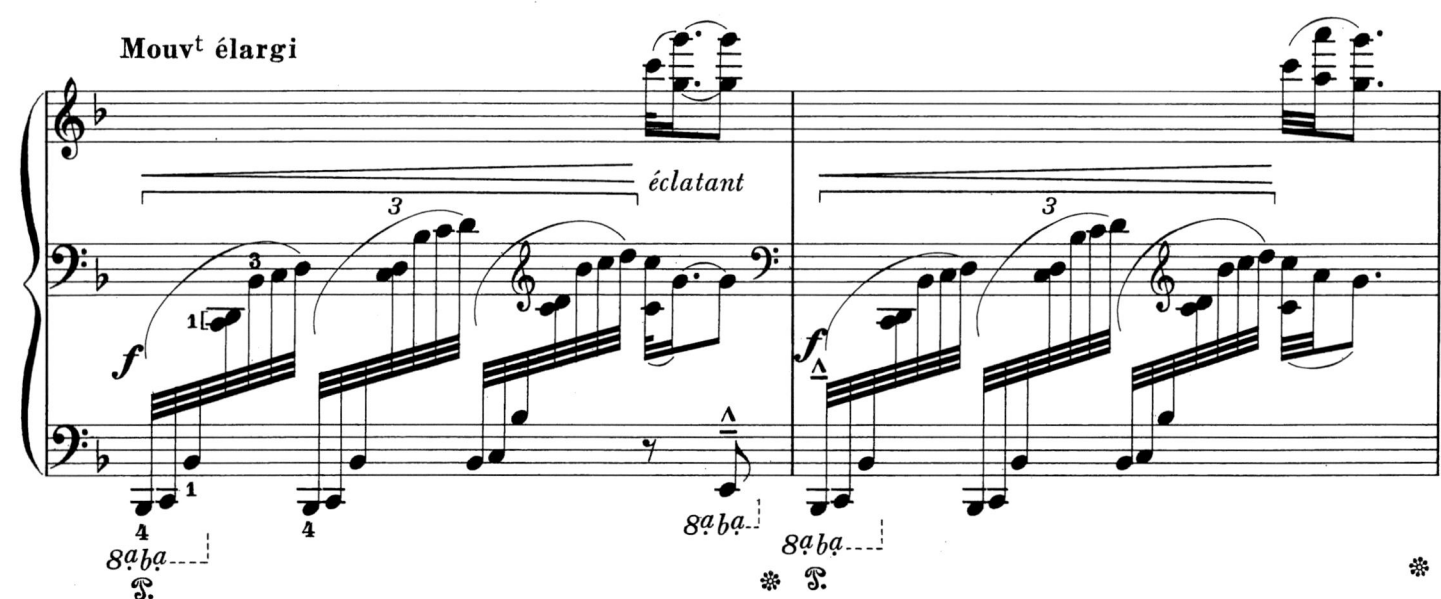

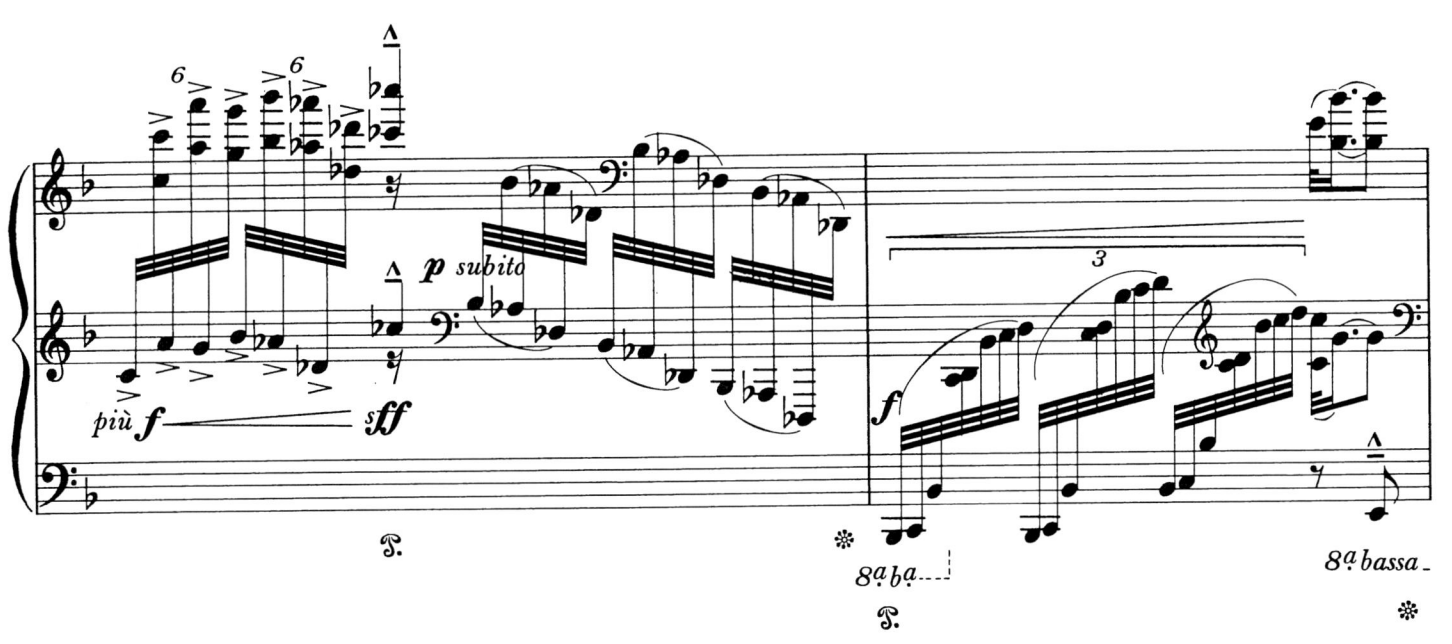

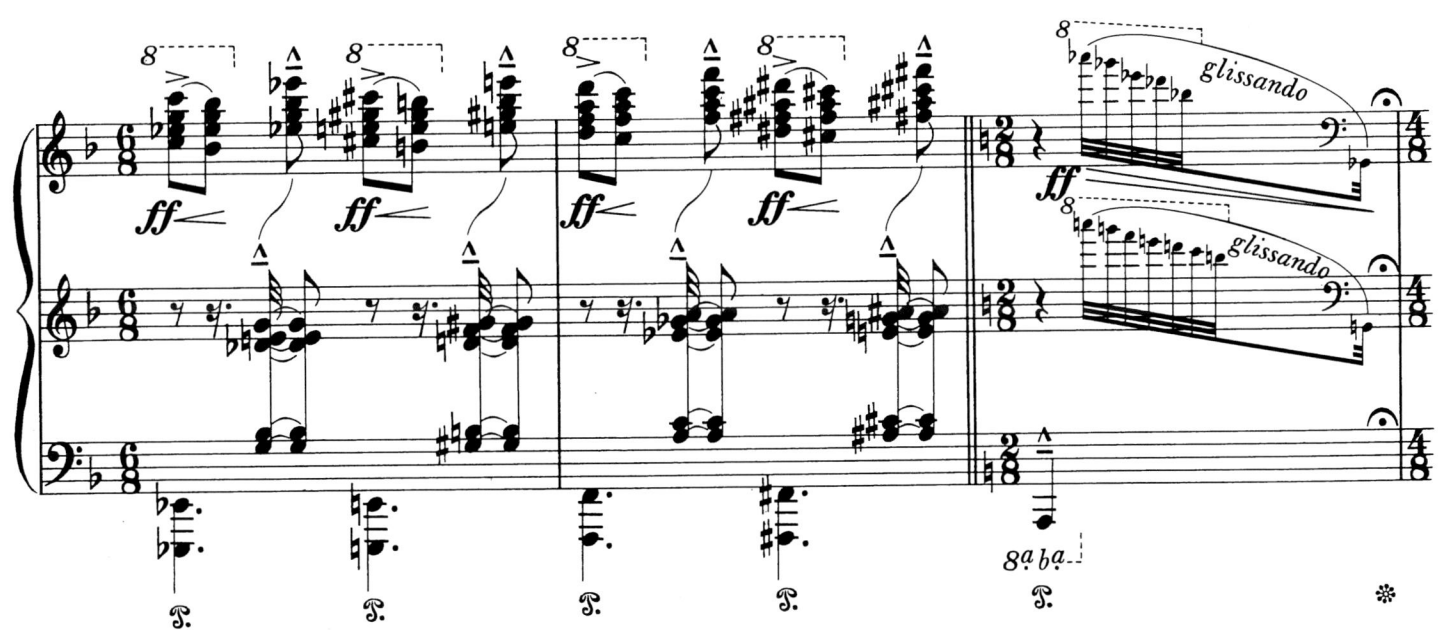

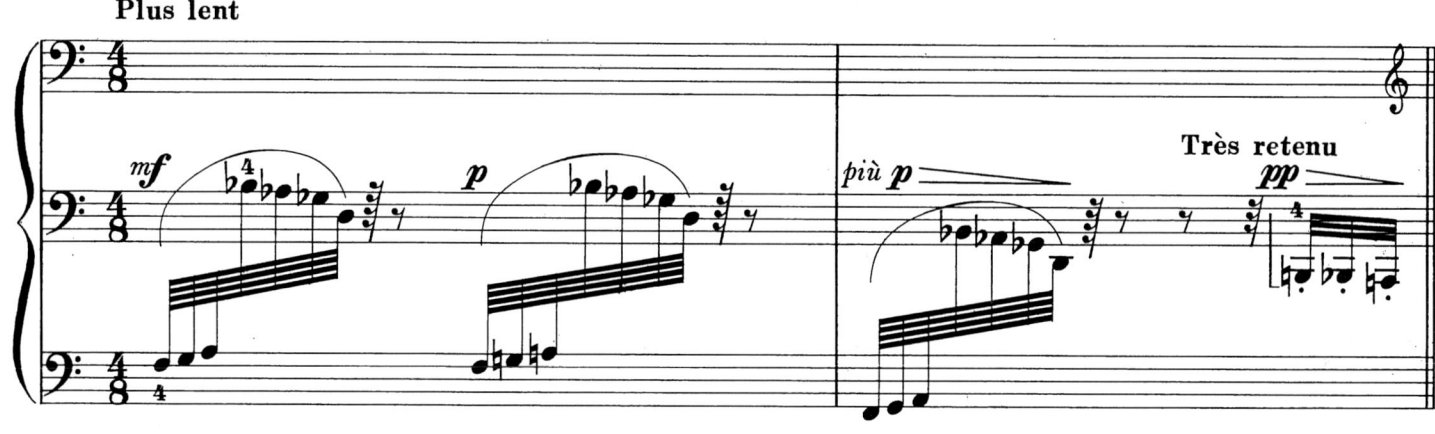

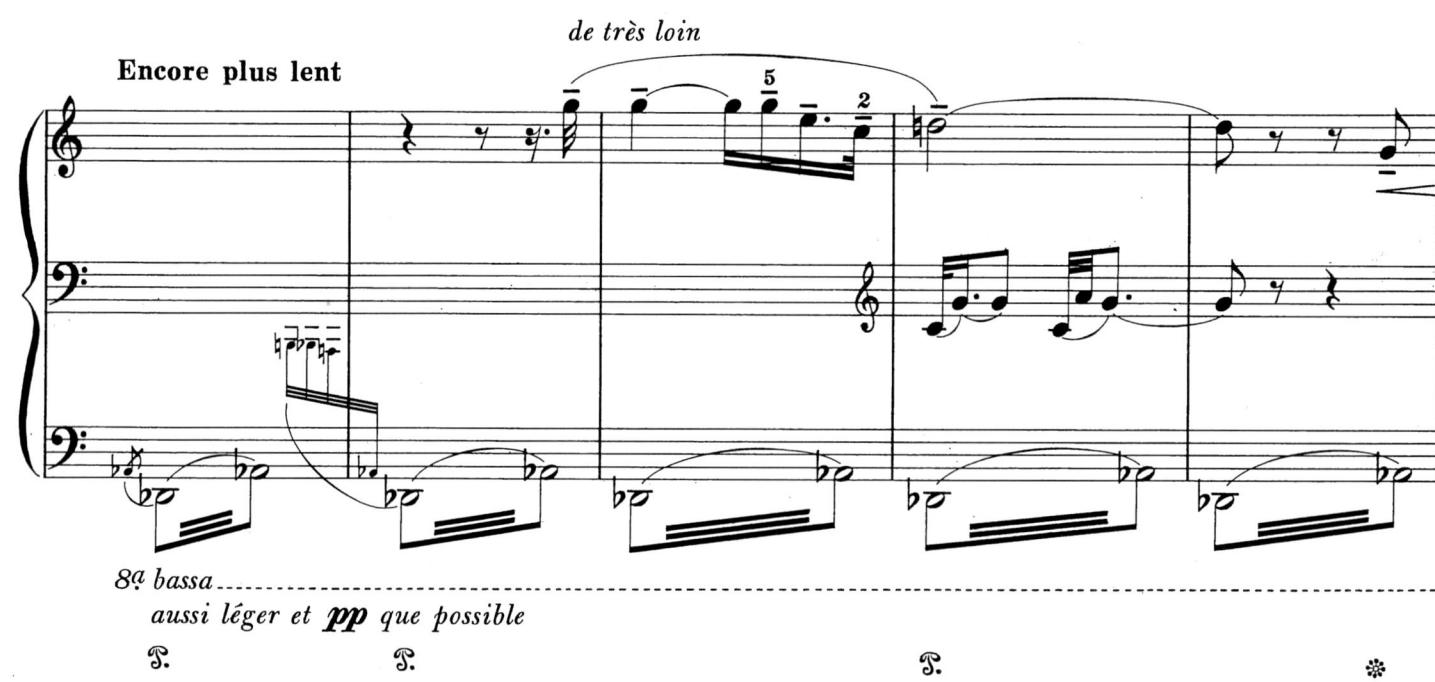

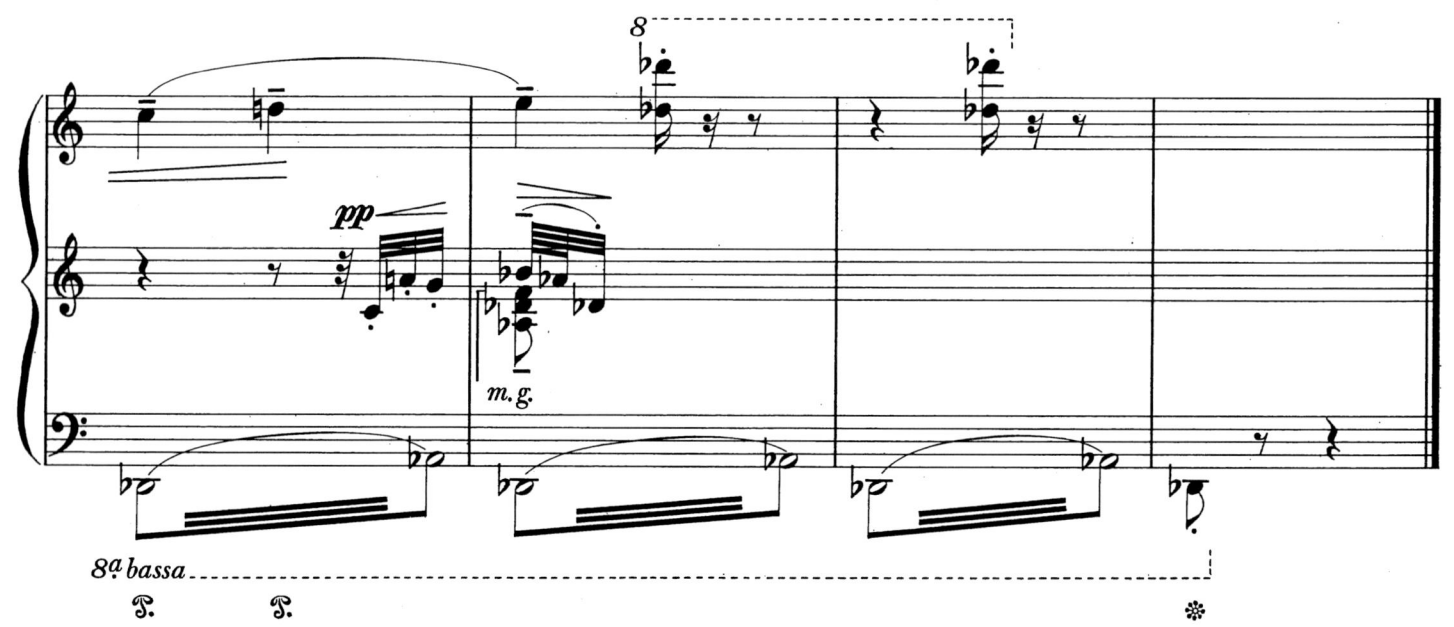

❏春秋社版/세계음악전집【피아노편】의 주요 수록 내용　🏵태림출판사 발행

❖ 괄호 속의 영문은 조성을 나타낸 것으로, 대문자는 장조, 소문자는 단조임.

❏春秋社版/세계음악전집[피아노편]의 주요 수록 내용   🔴 태림출판사 발행

번호	제목	수록 내용
41	리스트集 ②	사랑의 꿈(3개의 야상곡)/시적이며 종교적인 선율(장송·사랑의 찬가)/순례의 연보·제1년(전9곡)/제2년(전7곡)·보유(3곡)/제3년〈에스테 장원의 분수〉
42	리스트集 ③	초절 기교 연습곡(전12곡)/파가니니에 의한 대연습곡(전6곡)/3개의 연주회용 연습곡/2개의 연주회용 연습곡
43	리스트集 ④	헝가리 랩소디(전15곡)/스페인 랩소디
44	리스트集 ⑤	〈개편곡집〉 바흐:전주곡과 푸가 외/슈베르트:마왕·보리수 외/슈만:사랑의 노래 외/쇼팽:소녀의 기원 외/멘델스존:노래의 날개 외
45	리스트集 ⑥	〈연주회용 패러프레이즈집〉 바그너:탄호이저 서곡 외/모차르트:돈 조반니의 회상/베르디:리골레토/멘델스존:결혼 행진곡/구노:파우스트 왈츠
46	차이콥스키集	소나타 Op.37/사계 Op.37a/무언가 Op.2-3/로망스 Op.5/유모레스크 Op.10-2/야상곡 Op.19-4/주제와 변주 Op.19-6/슬픈 노래 Op.40-2 등
47	드뷔시集 ①	2개의 아라베스크/베르가마스크 조곡/피아노를 위하여/발라드/꿈/로맨틱한 왈츠/야상곡/댄스/마주르카/스케치북에서/가면 등
48	드뷔시集 ②	판화/환희의 섬/영상 제1집·제2집/어린이 차지/12개의 연습곡집
49	드뷔시集 ③	전주곡집 제1권(13곡)·제2권(12곡)
50	포 레 集 ①	야상곡(전13곡)
51	포 레 集 ②	뱃노래(전13곡)
52	포 레 集 ③	주제와 변주 Op.73/즉흥곡(전6곡) Op.25, 31, 34, 91, 102, 86/전주곡 Op.103(전9곡)/마주르카 Op.32
53	포 레 集 ④	발라드 Op.19/발스 카프리스 (Op.30, 38, 59, 62)/무언가 Op.17/소품집 Op.84
54	포 레 集 ⑤ *	듀엣곡집:돌리 Op.56/마스크와 베르가마스크 Op.112/환상곡 Op.111
55	스크랴빈集 ①	소나타집 제1권:Op.6, 19〈환상 소나타〉, 23, 30, 53
56	스크랴빈集 ②	소나타집 제2권:Op.62, 64〈하얀 미사〉, 66, 68〈검은 미사〉, 70
57	스크랴빈集 ③	연습곡집 Op.2-1, 8, 42, 49-1, 56-4, 65
58	스크랴빈集 ④ *	전주곡집 Op.11, 13, 15, 16, 17, 22, 27, 31, 33, 35, 37, 39, 48, 67, 74
59	스크랴빈集 ⑤ *	마주르카와 즉흥곡집 Op.3, 25, 40, 7, 10, 12, 14 외
60	스크랴빈集 ⑥	시곡집 Op.32, 34, 36, 41, 44, 61, 63, 69, 71, 72/알레그로 아파시오나토 Op.4/연주회용 알레그로 Op.18/환상곡(2대의 피아노) Op.28
61	스크랴빈集 ⑦ *	소품집
62	시마노프스키集 ①	9개의 전주곡 Op.1/변주곡 Op.3/4개의 연습곡 Op.4/소나타 제1번 Op.8
63	시마노프스키集 ②	폴란드 민요에 의한 변주곡 Op.10/환상곡 Op.14/전주곡과 푸가/소나타 제2번 Op.21
64	시마노프스키集 ③	메토프 Op.29/12개의 연습곡 Op.33/가면극 Op.34/소나타 제3번 Op.36
65	시마노프스키集 ④	20개의 마주르카 Op.50/발스 로맨틱/4개의 폴란드 무곡/2개의 마주르카 Op.62
66	생상스集	글룩의 '알세스트' 무도곡에 의한 카프리스/왈츠 형태의 연습곡 Op. 52-6/알레그로 아파시오나토 Op.70/주제와 변주 Op.97/토카타 Op.111-6/왼손을 위한 부레·알레지 Op.135-4, 5/죽음의 무도(리스트 편곡) Op.40
67	알베니스集 ①	이베리아 제1권:에보카시온/엘 페르토/세빌랴의 성체제(聖體祭) 이베리아 제2권:론데냐/알메리아/트리아나
68	알베니스集 ②	이베리아 제3권:엘 알바이신/엘 폴로/라바피에스 이베리아 제4권:말라가/헤레스/에리타냐·나바라
69	알베니스集 ③	아르곤—호다 아라고네자 Op.164-1/스페인풍의 세레나타 Op.181/스페인의 노래 Op.232(전5곡)/스페인 조곡 Op.47(전8곡)
70	라벨集 ①	그로테스크한 세레나데/고풍스런 미뉴에트/죽은 왕녀를 위한 파반느/물의 장난/소나티네/거울
71	라벨集 ②	밤의 가스파르/하이든의 이름에 의한 미뉴에트/우아하고 감상적인 왈츠/전주곡(보르딘풍으로/샤브리에풍으로)/쿠프랭의 무덤
72	바르토크集 ① *	2개의 엘레지 Op.8b/2개의 루마니아 무곡 Op.8a/4개의 만가(輓歌) Op.9a/알레그로 바르바로/소나티네/루마니아 민속 무곡/루마니아의 크리스마스 노래/모음곡 Op.14
73	바르토크集 ② *	15개의 헝가리 농민가/3개의 연습곡 Op.18/헝가리 농민가에 의한 즉흥곡 Op.20/피아노 소나타/창 밖에서/민요선율에 의한 3개의 론도
74	바르토크集 ③ *	랩소디 Op.1/치크 지방의 3개의 민요/14개의 바가텔 Op.6/7개의 스케치 Op.9b/3개의 부르레스크 Op.8c/무용조곡/9개의 피아노 소품
75	러시아 5인조集 *	보로딘 : 〈작은 모음곡〉에서 4개의 소품, 스케르초/큐이 : 이탈리아풍 바가텔 Op.22-2, 자장가 Op.20-8, 왈츠 Op.31-2, 폴카 Op.8-3, 즉흥곡 Op.21-1, 스케르치노 Op.8-2/발라키레프 : 이슬라메이, 종달새/무소르그스키 : 모음곡 〈전람회의 그림〉/림스키코르사코프 : 3성의 푸가 G단조, 4개의 소품 Op.1

❖ 별표(*) 표시한 책은 근간 예정.